双重属性下的现代广播宣传管理

翟国选　主编

靳路　吴斌　承明欣　杨建宏　李哲　副主编

当代中国出版社
Contemporary China Publishing House

图书在版编目(CIP)数据

双重属性下的现代广播宣传管理/翟国选主编.
—北京：当代中国出版社，2012. 11
ISBN 978-7-5154-0185-0

Ⅰ.①双… Ⅱ.①翟… Ⅲ.①广播工作—宣传工作—研究—中国 Ⅳ.①G229.2

中国版本图书馆 CIP 数据核字(2012)第 268707 号

出 版 人　周五一
策划编辑　邱　然
责任编辑　黄　珊
责任校对　康　莹
装帧设计　培捷文化
出版发行　当代中国出版社
地　　址　北京市地安门西大街旌勇里 8 号
网　　址　http://www.ddzg.net　邮箱：ddzgcbs@sina.com
邮政编码　100009
编 辑 部　(010)66572154　66572264　66572132
市 场 部　(010)66572281 或 66572155/56/57/58/59 转
印　　刷　北京润田金辉印刷有限公司
开　　本　720×1020 毫米　1/16
印　　张　12.5 印张　2 插页　插图 10 幅　185 千字
版　　次　2012 年 12 月第 1 版
印　　次　2012 年 12 月第 1 次印刷
定　　价　32.00 元

前 言

广播媒体具有双重属性，不但具有政治属性，而且具有产业属性，这种观点不是一个新鲜命题，自20世纪90年代，就已见诸报刊。但对广播的双重属性进行深刻阐述的并不多见。双重属性是不是目前我国广播媒体属性最本质的概括？每一种属性的本质是什么？各个属性的相互关系是什么？双重属性对广播体制、机制有什么样的规定性？对广播频率、栏目的定位有哪些要求？在新闻宣传、节目管理、经营创收、事业建设等方面有哪些基本的关系要处理好？广播的从业者，天天要面对上述问题，天天要处理上述问题带来的各种矛盾，也就不得不去思考上述问题。

我们认为，双重属性，即政治属性和产业属性，是对当前我国广播媒体本质的深刻、准确的概括。

本质，是指事物本身所固有的，决定事物性质、面貌和发展的根本属性。属性，是指事物所具有的性质、特点。可以毫不夸张地说，政治属性、产业属性，这两个属性，是当今我国广播的两个根本属性，正是这两个属性，决定了当今我国广播的性质、面貌、日常运作和发展走势。这双重属性，高度概括了当今我国广播的性质和特点。当今中国的广播媒体，没有不具有纽带和喉舌功能的，没有不承担坚持正确的舆论导向、价值导向、审美导向的社会责任的；另一方面，就我们所知，除中国国际广播电台以外的各台，没有不需要进行市场经营的，没有不把节目的市场占有率、收听率作为商品出卖给企业换取广告投入的。政治功能、社会责任和市场主体、商业经营，是广播媒体的一体两面。正是基于此，广播的双重属性值得我们作进一步的深入思考。用科学社会主义的理论来分析，所谓的政治属性，就是阶级属性、政党属性；而所谓的产业属性，就是商业属性、资本属性。党性是阶级性的概括和代表，资本是市场和商业的核心。所以政治属性和产业属性的进一步、更深刻的表述，应该是政党属性和资本属性，即中国广播媒体具有政党和资本这两种属性。

回顾中外广播史，我们会发现，由于不同的政治制度和政治体制，不同的文化背景及其不同的发展阶段，广播媒体的属性可以是单一的，也可以是双重的，但都在这两种属性的范围之内。在西方，英国、美国的广播媒体所具有的属性，可以作为资本主义国家广播媒体不同类型的代表。

英国的广播媒体长期以来以由国家授权的公益法团经营为主，这就是英国广播公司——BBC。英国广播公司不是商业性公司，不以盈利为目的。其不做广告，不将节目的市场占有率和收听率作为商品卖给广告商，从而获取利润即资本收益。它靠收取政府特许的收听许可费来维持运营。（电视出现以后，英国广播公司开办电视节目，又被政府特许收取视听费。）这样，英国广播公司就不是一个人、一个家族或一小部分人追逐财富的工具。另外，英国广播公司建立的是一个全国性、社会性、宗教性和民主性的节目体系，目标为“公共服务广播”。也就是说，在政治上，不为某一政党服务，超脱于资产阶级各政党之外，宣扬资产阶级各党派共同的东西，宣扬和坚守资产阶级的世界观、人生观、价值观，宣扬资产阶级的政治信念、宗教信仰和生活方式，为资产阶级的整体利益提供服务。由此可以看出，英国广播公司的属性是单一的，它没有直接的商业利益，它没有商业属性、资本属性，只有政治属性。它以为全体资产阶级服务来换取特许税费的收入。20世纪70年代以后，英国也出现了商营广播机构。这些为私人资产的商营广播机构，与英国广播公司相比，在具有为资产阶级统治服务的政治属性的同时，多了一个资本属性。

美国广播与英国不同，它从一开始就将资产阶级广播的双重属性表现得淋漓尽致。1920年美国第一个获得营业执照的广播电台KDKA，就是由西屋电气公司开办的。接着，美国电报电话公司开办了WEAF电台。1926年，美国通讯工业巨头通用电气公司、西屋电气公司、美国无线电公司组建了一家新广播公司——全国广播公司（美国广播公司）。美国电报电话公司将WEAF出售给全国广播公司，退出广播经营。1927年，一个名叫阿蒙·贾德森的音乐家和几个合伙人联合十几家小电台，成立了一个广播公司，名为“联合独立广播业者公司”，后来的哥伦比亚广播公司（CBS）就是由他发展而来的。美国垄断式的商营广播由此迅速发展开来。据统计，到1932年，这两家广播公司的附属台占到美国全部电台的30%，播出时间和发射功率占美国广播事业的70%。而这一切，与美国联邦无线电委员会对它们的社会功能定位和全力支持是分不开的。1928年，美国联邦无线电委员会发布的“第40号总命令”，将40个清晰频率中的37个，都分配给了这两家公司的附属台，使他们在频率资源上占据绝对的垄断地位。“第40号总命令”为什么这样分配频率资源呢？理由是空中没有足够的地盘分配给各自独立的每一个特定的思想、宗教、政治、社会和经济学派的广播电台，来建立它们在空中的喉舌。如果公众需要某一团体的信息，他们可以通过市场表达出来，然后，“普遍公众服务”广播者，也就是全国广播公司和哥伦比亚广播公司，可以在全方位的节目中以播出部分意见的形式提供这种信息。

这确切无疑地说明，美国统治者赋予了这两家公司“普遍公共服务”的职能，换句话讲，就是赋予它们了政治职能，让它们具有政治属性。这样，除少量的宗教电台、教育电台以外，以商营为主的美国广播，就兼具了资本和政治属性，一方面不择手段地追求利润，一方面无比坚定地维护资产阶级的统治。而且由于资本主义已发展到帝国主义阶段，不但资本以垄断的霸权形态出现，而且政治（包括意识形态、新闻传播）也以垄断的霸权形态呈现。美国这两家广播公司及其以后的发展，就是最典型的例证。

作为资本主义社会对立形态的社会主义社会的广播，在俄国十月革命胜利之后的苏联时期，由于坚持生产资料公有制和实行计划经济，广播只有单一的政治属性。在我国，新中国成立以后和改革开放之前，由于坚持生产资料公有制和实行计划经济，广播也只具有单一的政治属性。改革开放以后，我国逐步形成了多种所有制共同发展的基本经济制度，形成了多种分配方式并存的分配制度和以市场为主导的社会主义经济体制。作为基本政治制度和经济制度的反映，我国的广播也逐步在政治属性不变的情况下，具有了产业属性。目前我国的广播电台，不但追求受众市场的收听率、占有率，将收听率、占有率卖给广告商，还创办公司，经营传媒、文化、表演等方面的业务，有的甚至涉足汽车、酒店、房地产等行业。开办频率、栏目与市场挂钩，投入与经济效益相联系，成为经营运作的规律。与此同时，电台内部的分配制度不断改革，分配差距不断拉大。

这样就有一个理论问题需要探讨：中国和美国的广播都具有双重属性，两者之间的共同点是什么？不同点又是什么？

我们认为，中美两国广播突出的共同点就是都具有鲜明的双重属性。两者突出的不同点则是：美国广播的政治属性、商业属性都是为少数人的利益服务的，是维护极少数人利益、实现极少数人利益的工具，而我国广播的政治属性、商业属性，是为大多数人的利益服务的，是维护大多数人利益、实现大多数人利益的工具。两者的本质截然相反。另外，中美两国广播双重属性之间的关系是不同的。美国广播的双重属性是和谐一致的。大金融寡头、大资产者统治之下的美国，占统治地位的思想，就是利益至上，金钱至上，资本逐利天经地义，并且信奉社会达尔文主义，不择手段地垄断逐利、霸权逐利、战争逐利。因此，美国的资产阶级，以广播公司为逐利的工具，无论怎样不择手段，无论节目怎样低级趣味，无论内容多么有违良风美俗，无论广大美国听众的利益受到何等的损害，都是在践行它所宣传、所信奉的思想，都是符合美国资产阶级的道德标准的，也都是与其自身的阶级属性、政党属性相一致的。

而我国的广播，虽然截至目前还是单一的公有制，但是如果产业属性过度膨胀，在运作中商业属性、资本属性的自发性难以控制，无法自制地追逐市场份额和资本利润，就会与其政治属性相冲突；更有甚者，会将广播媒体作为实现小团体或少数人经济利益的工具，企图从商业利益中任意分配一部分来占取，这就必然导致广播媒体的产业属性与其政治属性发生明显的矛盾。很长时期以来，广播节目中出现的炒作之风、恶搞之风、娱乐至上、庸俗低俗媚俗、广告过多过滥等问题，如同顽症，久治不愈，就是一些广播媒体产业属性自发膨胀，过度追逐市场份额和资本利润，就是我国广播的产业属性与其政治属性相冲突相矛盾的反映。由此不难看出，我们广播媒体双重属性之间有相互冲突、相互矛盾的一面。从另一个角度来看，在我国现行广播体制下，在政府经费投入不足的情况下，注重广播的产业属性，增强广播的市场运作，提高广播资本投入的产出比，为延揽培养人才、提升节目质量、运用先进科技和装备一流设施，提供充足的资金支撑，这是更好地承担政治功能、体现政治属性所必需的。因此，我国广播的双重属性之间又具有相辅相成的一面。这就是我国广播的双重属性与美国广播的不同之处，双重属性之间既有一致的一面，又有不一致的一面；既有统一和谐的一面，又有冲突矛盾的一面。我国广播双重属性之间关系的这一特点，有待于做进一步深入的研究。

从理论上认清我国广播的双重属性及其之间的关系，把握其本质特点，根本目的是用来指导我们的广播实践，使我们的广播实践减少盲目性，更具有理论自觉性，更加清醒、坚定、准确、科学。这本书是我们在广播实践中的经验总结，诸如在广播媒体内部架构的设置，频率、栏目的定位，宣传报道的策划，节目听评体系的建立以及新媒体的运作等具体工作中，如何处理好双重属性，如何利用两者的一致性，促进其相辅相成，而控制其不一致性，尽量减少其冲突矛盾。书中有具体的操作案例，有切身的感受和体会，有定性定量的分析和把握。但无论是理论认识还是实践操作，都需要进一步提高和完善，有待读者朋友的批评指正，有待我们的不懈努力。如果这本书能成为他山之石，对翻阅它的朋友有些微的益处，我们就会心满意足。

目 录

第一章 现代广播宣传管理的理论和管理体制

第二章 频率设置与栏目创新

第三章　双重属性下的广播节目评估体系

第四章　双重属性下的广播新媒体

第一章
现代广播宣传管理的理论和管理体制

第一节　中国广播双重属性形成的背景及条件

一、中国传媒的双重属性

传媒的双重属性论，是20世纪90年代以来的主导性观点。双重属性论有很多不同的说法。信息产业论认为“新闻事业具有形而上的上层建筑属性和形而下的信息产业属性”。文化经济论认为传媒“所具有的两重性，即它的文化属性和经济属性”。政治经济论认为自人类社会进入阶级社会以后，传播媒介“都具有二重性，即经济属性和政治属性，与其相适应，传播媒介具有两种功能，即产业功能和喉舌功能”。

在中国，传媒不是单纯追求利润最大化的企业，而是以低成本提供公共服务的事业组织。作为“新闻事业”，传媒首先具有的属性是意识形态属性，这种属性由以下两个方面决定：

一是由传媒属于上层建筑的政治性质决定的，即阶级、国家、政党常常把传媒作为其喉舌，传媒是其政治目的得以实现的工具。意识形态属性决定了传媒最重要的作用就是维护现行政治体制的合法性，政治责任远远大于经济功能，决定了传媒是一种话语权力。中国的政治体制更决定了中国的传媒是特殊的行业，它是党和人民的喉舌，它的主要任务是宣传党的方针、政策和路线，宣传社会主义建设的成就，组织生产，统一舆论等。它对于一个国家、一个社会、一个民族、一个地区的稳定、延续和发展，起着促进和推动作用。

二是由于传媒的频率、频道、刊号和卫星资源，是国家的公共资源和战略性资源。所谓公共资源，是指现代传媒所具有的快速度、远距离、高覆盖的技术手段使传播内容在时间和空间上被急剧放大，从而可能对某一社会群体甚至整个社会产生强烈的外部效应。所谓战略性资源，是指在世界经济一体化、政治多极化进程中，传媒不仅在一个国家的经济、社会发展中具有重要的信息传播和舆论引导作用，而且在维护民族国家的文化主权和文化信息安全方面具有重要的战略地位。是公认的“社会公器”，具有很强的公共性，必须强调其意识形态功能和社会效益。

在明确传媒意识形态属性的同时，传媒还具有产业属性。“传媒作为具有意识形态的精神产品生产者，从属于上层建筑范畴，而作为向大众提供信息的载体，又从属于信息产业。”

改革开放以来，中国传媒的产业属性逐渐被认可。1985年，国务院办公厅转发国家统计局《关于建立第三产业统计的报告》，把第三产业分为四个层次，第三个层次是“为提高科学文化水平和居民素质服务的部门”，包括教育、文化、广播电视事业。1993年国务院批转国家计委《关于全国第三产业发展规划基本思路》，把文化、广播影视、新闻出版等各项事业列于“文化、体育事业”。1996年，国家把广播电视和报刊经营管理列入需要加快发展的第三产业行列。2001年4月，中国证监会新版《上市公司行业分类指引》中，将传播与文化产业定为上市公司13个基本产业门类之一，其中取消了原来的“高科技产业”，新增了“传播文化产业”（LO101）及“信息传播服务业”（L20）。传媒的产业属性要求传媒按照市场经济的规则发展壮大，传媒必须按市场规律办事，进行市场运作。综上所述，传媒是社会效益和经济效益的统一，是事业属性和产业属性的统一，是意识形态与经济形态的统一。单纯强调传媒的意识形态属性，忽视其产业属性是片面的；把传媒等同于一般商品，强调其产业特征和经济效益，忽视其意识形态属性和社会责任也是不可取的。我们不能把传媒的意识形态属性和产业属性对立起来，在文化体制改革中既要防止过分强调传媒的意识形态属性而排斥产业属性，又要防止过分强调产业属性，不加分析地将传媒全部推向市场。

中国传媒的双重属性，决定了其独特的生存形态与运作方式，决定了中国传媒必须在政治与意识形态控制之下，兼顾产业发展，具有双重目标发展取向。即传媒既要坚持新闻党性原则，又要适应社会主义市场经济发展的需要；既要促进传媒的效率，又要保证传媒的公平；既要确保党在意识形态领域的统治地位，又要让传媒成为独立的市场主体参与竞争；既要维护国有媒体的垄断地位，又要运用市场机制推进媒体集约化、规模化。

二、中国广播双重属性形成的背景及条件

在20世纪70年代末实现社会转型之前，中国的广播是单一的政治属性，基本上按国家事业单位的规定和要求，承担党和政府赋予的宣传报道任务。这时的广播习惯上被称为“新闻事业”。直到十一届三中全会之后，国家实行改革开放，社会开始实现转型，中国广播的功能和属性才逐步发生变化，进入20世纪90年代后，其产业属性日渐明显，双重属性的格局得以形成。

中国广播由单一政治属性向兼有政治、产业属性的双重属性的转变，有其深刻的社会背景。一方面它是转型期中国广播自身发展的需要，另一方面它也是转型期中国实行市场经济的必然结果。

新中国成立前，中国的一些私营广播作为企业经营，有过一段引人注目的经营发展史。1929年，国民政府颁布《电讯条例》，允许民间经营广播电台。至抗日战争前夕，全国已有70多座民营电台在经营广播，具有代表性的是上海新新公司广播电台——中国人自办的第一座民营广播电台，广播事业一时出现了繁荣的局面，积累过一些有益的广播经营与管理经验。1949年，随着中国共产党全面的军事胜利，国民党在大陆的广播电台陆续被解放军接管，陆续改建为人民广播电台。一些大城市的民营广播电台，也随着全国的解放和中华人民共和国的成立，逐步进行了社会主义改造。

新中国成立后，广播电台完全国有化，取消了所有的私营广播。到了60年代中期，随着国家政治形势的变化，广播的意识形态属性被进一步强化，新闻传媒的经营活动全部停止，计划因素完全取代了市场因素，广播的经营活动就此完全中断。

20多年之后，我国广播重新启动企业化经营的车轮。

1978年中共十一届三中全会召开后，改革开放政策启动实行，国家各项事业得到了快速发展，特别是市场因素在经济活动中的作用被重新肯定，新闻界也萌生了借助市场因素增加经济收入以谋求自身生存和发展的欲望。于是，在1978年底，人民日报社等北京8家报社联名向财政部递交了要求试行

“事业单位，企业化管理”经营方针的报告。这是中国媒体由单一的政治属性向兼有政治、产业属性的双重属性转变的标志性事件。

报告的核心内容在于希望政府能够允许媒体按照企业的运作方式，实行企业式的经营和管理。这种管理方式，强调媒体作为事业单位的性质不变，但可以从事一定的经营活动。

财政部很快对报告做出了批复。财政部的批复，不仅为这几家报社打开了企业经营的大门，而且打开了媒体企业化经营的一道门缝。随后，一些报社、电台等媒体先后开始刊播广告，搞自办发行，尝试多种经营，在企业经营的道路上慢慢起步，并且逐渐尝到了甜头，取得了一些经济效益。一些媒体的经营不但获得了利润，而且还上缴了税收，经营收入的一部分用于解决单位内部职工的福利，另一部分则用于自身的进一步发展。

从1992年中共十四大确定实行社会主义市场经济体制以后中国广播的经营才逐步实现真正意义的企业化。1992年6月中共中央和国务院联合发布的《关于加快第三产业的决定》中，把广播影视经营管理列入第三产业，成为我国广播影视进入产业化改革阶段的一个标志。广播企业化管理、市场化经营和产业化运作的大门就此敞开了。

1992年以后，作为中国媒体进入市场、实行产业化运作的重要标志，传媒集团逐步建立起来；作为市场化和产业化卓有成效的改革探索者，经济广播也出现并发展壮大。这应当是一种必然的结果，可以说，正是市场经济使它们得以诞生，并且很快便取得了不俗的成绩。

社会主义市场经济体制，确立了以市场为导向、合理配置资源、调整供求关系、促进产品流通、实现经济效益的企业运行机制。原先计划经济体制下，事业经费由政府统一划拨，生产物资由有关部门统一配给，工作人员由有关部门统一分配。在市场经济条件下，政府的拨款逐年减少，这就等于把广播推向了市场，使广播不得不面向市场，不得不考虑如何顺应市场并谋求生存和发展。中国广播的产业属性正是在这样的背景下形成的。

中国广播由单一属性向双重属性的转变，同社会转型后传媒社会功能的转变也有着直接的关系。

从历史上看，中国的广播具有明显的意识形态属性和特征。特别是中国共产党的广播从诞生起就是作为一种“思想武器”存在的，毛泽东称之为党的“喉舌”。在这种理念和思想的指导下，广播始终把自己看作是党和政府实现其政治理想、历史使命和当前任务的舆论工具，强调其思想宣传和舆论导向功能。这是转型前中国广播始终是单一的事业性属性的根本原因。

中国实行改革开放以后，人们之间的社会交往不断扩大，公众在经济生活、政治生活、文化生活和社会生活中对各种信息的需求急剧增长，这些都促使广播必须考虑如何充分满足社会与公众的各种信息需求，如何实现自身作为信息媒介的生存价值，发挥自身的社会功能，更好地为国家的经济建设、政治文明、文化繁荣、社会进步，以及群众的日常生活提供服务。于是，中国广播逐步调整原先主要担负政治宣传和思想指导功能的做法，开始重视发挥在信息传播、文化娱乐，以及经济与社会服务等方面的功能。

中国广播在社会功能上的这些变化，逐渐凸现出其作为新闻与信息媒介的性质，显示出其以传播新闻为主要手段满足人们信息需要的政治属性，同时还逐渐衍生出了产业属性。正是这些多样化功能的形成，使广播有了适应市场需要，可以作为产业经营，实现社会化生产，追求经济效益的价值与条件。

中国广播政治属性和产业属性之间是一种互为补充、相互制约的关系。政治属性决定着广播基本的存在形式、行为方式和根本的利益方向、工作原则，产业属性决定着广播长远的生存基础和发展潜力。它们形成了一个复杂的综合体系，各自发挥着自己的作用，又制约着对方的存在方式和发展状况。我们要注意全面和正确地体现这两个属性的积极功能，发挥它们的有效作用，以使新闻事业能够健康、全面的发展。

在社会转型期，把广播作为一种产业来经营，有其必然性和必要性。认识广播的产业属性，有助于更好地按经济规律和市场规律来搞好媒介经营，争取获得理想的经济效益。这对于广播增强经济实力，扩大事业规模，争取更大发展，从而更好地发挥自身的社会功能和作用具有重要意义。

当然，如果只是把广播作为一般的产业和企业来经营也容易带来一些弊端。过分强调它的产业和企业的特征与属性，一味地追求经济效益，会损害它作为社会文化事业的特征和属性，容易使它不顾公众利益和社会效果，背弃它应当承担的社会责任和历史使命，导致新闻传播产生负面效应。因此，在认识广播的产业属性的同时，一定要认清它不同于一般的企业单位，不是一般的经济实体，它是生产政治性、思想性都很强的精神产品的文化产业，它的生产和经营要坚持把社会效益放在首位，在保证社会效益的前提下，实现社会效益与经济效益的统一。

三、中国广播双重属性实现的途径及原则

中国广播要实现双重属性所确定的任务和目标，要按照双重属性所形成的管理体制和运行机制来发展，需要遵循一定的原则和规范，需要按照一定的途径和办法。

（一）遵循新闻传播规律，坚持正确舆论导向，发挥好广播作为公益性社会文化事业的社会功能和作用。

作为公益性事业，广播应当把社会责任和社会效益放在第一位，发挥思想宣传和舆论导向的功能和作用。既然是公益性的文化事业，广播的主要任务是生产、复制和传播符合社会与公众需求的新闻与信息内容。这就需要广播从业者时刻牢记自己的社会责任，要遵循新闻传播规律，坚持正确的舆论导向；要努力向社会与公众提供有益、有用和健康、有趣的各种新闻与信息；要使新闻与信息传播在社会生活中发挥积极的功能和作用；要防止在新闻与信息传播中出现那些有损公共利益，有伤社会风化，有损媒体形象的东西；要时刻把新闻与信息传播的社会效益放在首位，绝不能为了谋取个人或小团体的经济利益去损害国家和社会的公共利益；要坚决遏制虚假报道、“有偿新闻”、低俗之风和不良广告等严重违背新闻传播规律和职业道德的现象和问题。

（二）遵循市场规律，根据现代产业制度要求，实行市场运作，实现广播作为经营性信息与文化产业的功能和任务。

作为经营性产业，广播应当根据现代企业制度要求，运用市场手段，

实行科学的经营与管理，尽可能增加经济效益，增强经济实力，成为具有有强大竞争力的信息与文化产业。作为一种经营性的信息与文化产业，广播要有市场意识和竞争意识，要强化受众观念和服务观念，要按照市场规律和现代产业制度的要求进行经营和管理，要坚决防止排斥市场、无视市场规律的做法。

（三）实现社会效益和经济效益的统一。

强调广播的信息文化产业属性，绝不是忽略广播的社会文化公益事业属性。在迈向市场的时候，广播应当牢记自己所肩负的政治责任和社会责任，始终坚持把社会效益放在第一位，要在保证社会效益的前提下，去追求经济效益与社会效益的统一。这就需要广播把遵循新闻规律、宣传规律与遵循经济规律、市场规律结合起来，既考虑和尊重新闻规律和宣传规律，又考虑和尊重经济规律和市场规律，只有这样才能实现社会效益与经济效益的统一。

（四）深化体制改革，理顺管理架构，规范运行机制，促进产业发展。

目前中国广播实行双重属性的管理体制和运作机制，在实践过程中，还有许多不完善的地方，还存在不少的问题，如管理架构不科学，管理相对粗放，机制不够灵活；广播各个生产要素之间市场化程度不平衡，运行规则不够规范，应对市场风险能力不够强；等等。特别是在经营管理方面，还存在着忽视成本控制、过度依赖广告、缺乏激励机制、大搞恶性竞争等诸多问题。这些问题严重制约和影响了广播的健康发展。一些管理部门依然习惯按照计划经济的思路和方式来制定广播管理政策、办法和法规，忽略广播作为信息与文化产业的内在规律和基本要求。这种状况应当尽快改变。

今后，应当深化体制改革，理顺管理架构，规范运行机制，来使其事业性体制和产业化运行能够达到和谐与统一。同时，要不断加大创新力度，在体制、机制、政策及经营管理的观念、形式和方法等方面不断改革创新，从而为广播的健康发展提供更好的社会环境和工作条件，促进广播的更大发展。

第二节　国外广播媒体管理体制的创新和启示

由于各国的国情以及广播发展进程的差异，世界各国的广播体制也有所差异。目前，世界各国的广播体制大致可以分为四类：1. 国营广播机构；2. 公共广播机构；3. 商业广播；4. 以上几种体制并存。商业广播应以美国为代表，国营广播则以中国为代表。一般来说，拥有公共广播的国家都采取了双轨制体制，即公私兼顾的体制。日本和西欧的一些国家为双轨制的代表。

一、西方私营广播集团的宣传管理模式

英国在20世纪50年代之前主要实行单一的公营体制。1954年开始引进私营电视，1973年又开始试行商业广播，由此开始了“公商并营”的双轨制时期。1992开始实施新广播法，试图放开广播电视市场，创设更为自由的竞争环境，以促进广电事业的繁荣。

日本自日本广播协会成立后，广播事业进入了迅速发展的黄金时期。1928年11月，日本广播协会着手建立全国广播网；1931年4月，东京第二广播部开始播音。满洲事变后，广播成了日本国民获知战争消息的重要渠道之一；另一方面，日本政府、军部也试图利用广播的特殊功能为对外战争服务。这两种因素交织在一起，刺激了广播业的扩张。1935年6月，日本广播协会开始对外广播。1940年，全国收音机达500万台。1944年收音机拥有量增至750万台。至此，无线电广播在新闻传播领域的地位基本上得以确立。但是，直到40年代末期，日本的广播事业一直由日本广播协会垄断经营。1947年，盟军占领军总司令部指示日本政府，要使广播作为脱离政府、政党的独立机关而存在；允许民间自由设立广播电台等。据此，日本国会于1950年通过了《广播法》《电波法》《电波监理委员会法》，统称“电波三法”，广播电台业正式向民间开放。1951年9月，名古屋的中部日本广播和大阪的新日本广播问世。由此，日本的广播业由独家垄断走向了多家竞争。广播开放民营

及公商电台之间的竞争，激发了广播事业的活力，提高了广播节目的制作水平，从而提高了广播覆盖率、普及率。

日本是公私两种体制并立，既有日本广播协会——即NHK这样公共性的广播机构，又有TBS、富士台、朝日台、东京台等商业广播机构。商业广播机构的财源主要依赖于广告播出等营利性经营活动。

商业广播其基本特点与公共广播不同，现以日本的广播体制为例，说明其不同点：

（一）独立性更强

由于商业都是个人投资的，在经济和政治上都是独立的，能对政府的重大政策、决策采取独立的立场，往往能发表深刻的、精辟的独到见解，从而对社会和政府决策产生影响。TBS在其节目基本准则中写道："对于政治、经济以及其他社会上的诸多问题，保持公正的立场。""新闻报道节目应排除所有干涉，客观、正确、公平地报道事实。"可以看出，TBS在新闻报道方面也力求保持自己的独立性。

（二）以赢利为目的

与日本广播协会不同，商业广播的主要财源是靠广告收入，要赢利就要争取广告客户，大的广告客户往往会影响到电台的节目风格和倾向。商业广播在其节目基准上也明确指出要理解广告商的意图，力争发挥广告的功效。甚至可以将产品和自己所播出的节目剧结合起来，根据剧情内容专门开发出相关产品播出广告，以此作为营销策略。由于广告是其收入主要来源，因此商业台非常重视收听率。可以说，收听率是商业台所有节目的第一生命。

（三）市场竞争激烈，节目多彩又不免媚俗

在日本，几大商业公司为提高收听率和抢夺广告商，从1985年的"新闻大战"到现在的美食节目、旅行节目、游戏节目的竞争，一直是"硝烟弥漫"。一种新的节目类型推出，其他电台就相继模仿和改造。在竞争的过程

中，出现了很多精品栏目。但是激烈的竞争也导致媒体品位下降，出现媚俗倾向、娱乐化泛滥的情况。相比较而言，日本广播协会就不存在这样的问题。但是由于缺乏竞争，节目更新慢且缺乏活力。

公共广播和商业广播在节目编排上也存在差异。公共广播作为公共台，它要向受众提供内容丰富、格调高雅的节目，提高国民整体文化素质，所以其节目侧重新闻报道和社教类节目。而商业台迫于商业竞争的压力，不得不在娱乐性上大下手笔，所以其娱乐气息就比较浓。

下表是日本观众对日本广播协会和商业台的评价比较：

满意度（%）／评价内容	日本广播协会	商业台
事件发生时反映及时迅速	54	19
社教节目寓意深刻	48	7
新闻报道节目客观、公正	35	4
新闻报道节目有深度	25	16
有符合自己情绪的节目	23	24
娱乐节目有趣、丰富	17	62

材料来源：《日本广播协会年鉴2000》

就新闻节目而言，公共广播给观众的印象是通俗易懂、准确客观。公共台有强大的新闻采访网络，可以及时、准确地向听众提供国内外新闻。公共台不仅有早晚的新闻板块节目而且能正点播出最新的新闻。正点新闻是公共台的特色之一，采用传统的新闻播报方式，主持人宣读新闻。公共台每天播出新闻的次数非常多，这是商业台无法做到的。商业台的新闻节目受条件限制，无论在节目质量还是播出次数上都无法和公共台相比。但是为了与公共台展开竞争，商业台在新闻节目上下了很多功夫，如扩充新闻节目时间，新闻节目大多采取板块形式，分为早间、午间、黄昏以及晚间新闻板块。在长期的竞争过程中，又形成了自己的特色。有的商业台的早间新闻板块在短新闻、信息量上下工夫，力求简明扼要；午间新闻板块以社会新闻为主；黄昏新闻板块的时间较长；晚间新闻板块则扩大战场，各类新闻和新闻评述轮番上阵，启用王牌新闻主持人上场。

下面通过具体案例分析说明。2001年的“九一一”事件发生后，日本广播协会综合频道晚间22点的固定节目《新闻10》在头条播出台风警报后，紧接着作了这次恐怖事件的第一次报道，时间是22点01分。22点02分，播出了日本广播协会特派员在事件现场1公里处的电话现场报道。22点03分，第二架飞机撞向世贸大楼时，日本广播协会已经进行了现场直播。这么快速的反应，在日本只有日本广播协会做到了。随后，日本广播协会启动了紧急报道系统，直到9月12日上午一直没有间断对该事件的追踪报道。

在“九一一”事件报道中，日本广播协会和TBS等商业台在播报方式上也有区别。日本广播协会使用的全部是本台人员，而TBS等商业台则使用了大量外部人员。在纯粹而彻底地传达事实和多使用背景的分析解说方面，日本广播协会和商业台有不同说法。日本广播协会认为，正在进行的事件报道中，传递事实是公共广播的使命。因此他们会选择现场以直播画面和特派员为中心，在事情发生阶段对事件的背景并不是很清楚，这时加入外部嘉宾的解说会太早。而商业台则认为，事件发生后与事实相关的信息非常重要。对于观众来说，他们想多角度地了解事件发生的背景，如果节目加入解说，观众就会锁定该频道。由此可见，日本广播协会重视事件本身，而商业台更关注观众的需求。这反映了公共台和商业台体制的不同带来的新闻报道理念上的不同。

二、西方公共广播新闻宣传管理模式

所谓公共广播是指独立于政府，不以营利为直接目的的广播机构，主要靠收取收听费用作为收入。英国广播公司、日本广播协会、加拿大广播公司在公共广播理念上共同关注的是节目内容的高质量和高品位，从而实现对受众普遍服务的原则，并通过法律约束对公共广播进行监督。

英国广播公司作为公共广播的起源，拥有英国王室颁发的皇家特许状，在公共服务理念上遵从四个基本原则和三个实践途径。四个基本原则分别为：普遍服务；节目兼具文化品位和教育功能；政治中立；确保政治和公共事务的新闻报道占相当比例，使人们能够得到足够信息，以此作为行使公民的权利和义务。三个实践途径分别为新闻操作、组织结构以及制度安排。英国广播公司坚守其独立性原则作为新闻的“受托者”理念，反映出人民主权的观念。日本广播协会作为亚洲成立最早的广播机构，不属于任何政党和政府，为了公共福祉，在全国范围内播出丰富而优秀的广播电视节目。为了广播事业的发展开展必要的相关业务，并从事国际广播事务（日本《广播法》第七条）是日本广播协会的公共服务的宗旨。加拿大广播公司根据其国家的移民性质和多元性立国的标准，其公共服务的理念是“提供不同类型的电台及电视服务，节目内容能够使公众获得资讯，富有启发性及娱乐性”。讲述加拿大故事，反映加拿大现实成为加拿大广播公司的使命。

（一）国外公共广播管理机制

三家国外公共广播媒介在管理机制上各不相同，英国广播公司将信托委员会和执行委员会作为两套班底进行管理。信托委员会是英国广播公司的最高管理机构，全面负责英国广播公司的运营管理工作，执行委员会负责每天节目的制作、播出、经营工作。日本广播协会依据日本《广播法》设立特殊法人，日常业务由经营委员会任命的最高领导会长担当，日本广播协会下设的综合企划室、编成局、报道局、节目制作局、技术局、广播文化研究所、广播技术研究部等20多个部门以及外围的29个团体子公司形成的庞大机构，并根据《广播法》规定，包括各子公司在内的日本广播协会的所有机构都是非营利性机构。与英国广播公司与日本广播协会相比，加拿大广播公司是一种独特的公私合璧的单一广播模式，通过法制化的管理，加拿大广播公司形成不同于英国式公共广播电视体制也不同于美国式私营广播电视体制的多元复合体制，兼具公营与私营，其中公共广播电视约占35%，私营约占65%。

（二）国外公共广播运营模式

从公共广播运营模式上看，英国广播公司与日本广播协会具有相同的运营模式，虽然政府的财政拨款在其收入来源中占有一定比例，但收入的95%还是依靠收视许可费和电视执照费。近年来，英国广播公司在保障公共服务的基础上也开展一些商业活动，通过节目销售和频道收入以及向政府和第三方提供机器设备和服务获得一部分收入，补贴其公共广播电视服务，保持其非商业性。而日本广播协会以其“取之于民，用之于民”的经营理念和“大众日本广播协会”的思想组织了诸多公益活动，使民众参与到活动中来，以此作为宣传的途径，鼓励家庭和个人加入缴纳收听费的行列。

加拿大广播公司收入的66%来源于政府的财政拨款，其余部分来源于商业广告。加拿大广播公司通过经营其他内容，获取收入，弥补经费短缺，保障节目运营，并通过与其他广播机构合作推出收费服务，拥有4个完全公共服务性的全国性网络和81个地区电台，向加拿大听众提供多元语言、多元文化的节目。

下面以日本广播协会作为公共广播的样本，来分析其节目制作和播出特点。

日本广播协会作为公共广播机构，具有以下基本特点：

1. 保持相对独立的管理机构

公共广播机构即不属于私人，也不属于政府，而是属于全体公民。公共广播机构的管理机构由政府首脑提名、议会批准。一旦其管理机构确立，就独立运转，不受政府的领导或控制，从办台方针到财政预算、节目制作、播出，都由管理机构最终决定。日本广播协会的节目基准中写道：“日本广播协会作为以全体公民为基础的公共广播机关，任何人不得干涉，保持不偏不党的立场，确保言论自由。”可以看出，日本广播协会在立场上提倡保持自己的独立性。

2. 不播出广告，以视听费为主要收入

日本的《广播法》明确规定“凡设置可接收日本广播协会节目接收设备者，必须与日本广播协会签订接收合同”（第三十二条），并规定日本广播协会“在开展业务时，不以赢利为目的”（第九条），“不得从事与他人营业有关的广告播出”（第四十六条）。也就是说，日本将日本广播协会不得播出广告，以视听费为收入来源写进法律条文中，予以监督和保障。日本广播协会不仅不能依靠广告赢利，甚至在节目中也必须时刻注意不能有意无意地替其他工商业实体进行广告宣传。例如，在提到“味精”时，不能使用通称的“味之素”，因为它同时也是著名的品牌。

视听费一般由政府的邮政部门代理，然后全额交给管理部门。由于不播放广告，公众真正成为电台的衣食父母，电台直接对公众负责，不受广告商的干涉，也不受政府的控制。2003年度日本广播协会的收支预算，事业收入为6802.6亿日元（视听费为6711.1亿日元），事业支出为6592.8亿日元。

3. 把听众当作“公民”而非“消费者”

日本广播协会在其节目基准中写道：“为了公共的福利和文化的进步尽最大的努力。”从这点可以看出，公共广播对社会政治文化发展的追求要高于商业利益，维护民主制度、保障公众利益高于收听率的追求。所谓公众利益包含了以下原则：独立——在政治上不为政府或其他利益集团所左右；平等——观众不分等级享受同样的服务；全面——反映不同的观点，照顾少数人的兴趣。

三、国外广播传媒管理对我国的启示

（一）广播传媒管理的构建必须适应我国的制度环境

由政府控制的公有国营广播体制一般有三种情况：第一种是社会主义的国有模式，因为社会主义的政府代表人民利益，所以广播掌握在国家和政府手中，成为政党和人民的喉舌和宣传工具；第二种主要是在一些第三世界国家，如老挝、斯里兰卡等，它们都在20世纪初摆脱殖民统治取得独立，国内的经济、政治和社会民族问题亟待解决，政局的稳定成为一切的前提，执政者自然将广播作为宣传工具牢牢把持在手中；第三种是在一些西方国家，如法国、意大利、希腊等，这些国家从自己独特的文化和政治理念出发，往往自成体系，采用了国有为主的模式，国家拥有并控制该系统，由国家主管部门分工负责或经营。我国的广播体制属于第一种情况，属于国营体制。

我国广播体制的基本特点是：1. 广播台的所有权完全属于国有。除了政府投资以外，其他任何部门无论是国有企业还是私营企业，都不得在电台投资或参股。2. 广播台是政府的宣传机构，其主要领导人由上级机关任命，其宣传报道方针必须与党和政府的施政纲领保持一致。广播台承担着宣传政府重大理论、方针、政策的职责，是党和政府的喉舌。3. 广播台还要尽量满足观众对信息和娱乐等的需求，满足人民日益增长的精神需求。

从20世纪90年代开始，我国新闻界重新界定传媒的双重属性，既属于上层建筑又属于信息产业，从而确定传媒“事业性质、企业化管理”的运作模式，开始了传媒在经营上的商业化运作。完全国有的有限化商业运作是在一定的控制范围内进行的。倡导有限商业化运作模式是为了把市场的竞争机制引入传媒，在确保传媒国有制，确保传媒作为党的喉舌宣传好党和政府的方针政策的前提下，增强传媒的活力，丰富节目内容，满足观众需求，减轻国家的负担。

采取完全国有的有限化商业运作，比起以前完全国有没有商业运作的模式来看，广播的竞争能力得到了提高，活力有所增强。但由于我国在传媒业进行商业化运作的时间还不够长，在节目制作和播出方面经验还比较欠缺。比如，许多小型电台的节目粗制滥造，有些电台为增加收入而硬拉赞助、强登广告，对社会、文化发展都造成负面效果。此外，节目的制作和播出有程度不同的媚俗、庸俗化的倾向，在节目编排上还需要改进。

（二）公司制广播传媒具有较强的制度优势

许多国家保留极少数单一国有股东的传媒，而将绝大多数传媒改组为股份公司或有限责任公司，采取了公司制，这一制度变迁表明公司制传媒具有制度上的优势。英国、美国的广播公司目前大部分是通过公司制来进行管理的。

公司制广播传媒有以下特征：财产主体多元化、治理结构法人化、经营责任有限化。公司制广播传媒的这些特征是对传统广播传媒产权主体单一化、产权占有的不可分离性、经营责任无限性等特征的替代与创新。财产主体多元化是广播传媒资金充足的前提与保证，从而促进广播传媒资产规模的增长；治理结构法人化提高了传媒的决策水平，并有助于形成良好的激励监督机制，有助于职业传媒经理人市场的形成；产权的可转让性有利于通过市场机制增强对广播传媒的约束作用；等等。

总之，公司制广播的产权制度适应了市场化、生产社会化发展的客观需要，因而具有很强的制度优势。2004年12月召开的全国广播影视工作会议进一步明确规定：对于部分允许经营的频道，可以组建公司进行企业化运作，但吸纳社会资本不可超过49%，并且不可引入外资。这为公司制广播的成长打开了大门。目前，体育、交通、影视、综艺、音乐、生活、财经、科教等频道，在确保频道作为国家专有资源不得出售、租赁和承包，确保节目终审权和播出权牢牢掌握在电台手中的前提下，经批准已可以组建公司，进行频道的公司化运作。

四、当前国内各种类型的现代广播宣传管理模式

（一）台长制

台长制是行政领导负责制，台长是全台的领导核心，全面负责党的路线、方针、政策和国家法律、法规以及党委、政府、宣传部、广电局部署的各项工作任务在电台的贯彻执行。台长办公会是电台领导班子行使管理职能的主要形式。在台长的领导下，以台长办公会的方式实行台长、副台长分工负责制。目前，全国大多数电台实行台长制。

（二）党委领导下的总经理或台长负责制

在党委领导下的台长负责制这一体制下，党委按照党的民主集中制原则进行决策和管理，党委既是政治核心又是领导核心，电台的决策权在党委。台长在党委的领导下开展工作，党委充分尊重和发挥台长在电台的重要作用。从党委的主要职责来看，党委把工作重点放在研究和决定电台的重大方针、政策问题上。党委要对电台工作中诸如改革和发展的规划和方案、年度

工作计划、干部任免、晋职晋级、经费预决算、基建大项目安排以及生产和科研发展计划等重大问题作出决策，并围绕党和电台的中心工作加强党的建设和思想政治工作。

台长则主要是行使行政职权，表现在规定、命令、布置、检查、督促等领导方式上，是用行政的方式与党委的领导方式相呼应。在执行和完善党委领导下的台长负责制中，党委和台长各负其责、各司其职，各自发挥其优势和特长，既坚持党委在电台的核心领导地位，又充分发挥台长在电台的重要作用，相互支持，共同做好工作。

第三节　探索符合时代要求的现代广播宣传管理模式

经过以“广播电视事业”为基本特征的初期发展阶段和以“事业单位，企业管理”为基本特征的探索发展阶段后，我国的广播电视事业目前已进入大整合、大汇流的全新产业化发展时期，并成为新兴文化产业的重要部分。就行业性质而言，广播电视系统是一个知识密集、人才密集、技术密集，并担负“党和人民喉舌”功能的系统。在新的形势下，如何保障党和政府对广电系统的宏观调控扎实有效，保证正确的舆论导向；如何保障制作出更多更好的广播电视节目；如何增强经济实力，构建强势的主流媒体。这三个问题是未来广播电视生存、竞争与发展的三个支撑点。基于此，未来广播电视的体制改革，可以从三个方面着手，即：宏观管理制度、采编播运作制度和经营分配制度。并从政策上对这三个方面的制度做出符合国情与适应新形势发展要求的新的界定、新的要求。党政组织、市场组织和广播受众的共同治理就是实现舆论导向的控制，并且实现广电产业进入管制、反垄断、消费者保护等产业控制，其目的在于有效发挥、监督和纠正传媒的功能，促成传媒正向功能的最大化。

一、共同治理：党政治理、市场治理和社会治理的结合

党政治理即党和政府出于舆论导向和公共利益的需要对传媒实行的管制。在市场经济条件下政府治理有时也会失效，这就需要政府和市场对传媒共同治理作用。计划经济时期广播的管理是单一的政府控制，在市场经济条件下，政府不可能掌控一切。当前传媒改革的思路就是在新闻采编领域党政管理要加强，而在经营领域，市场规范要逐渐取代政府管理，两者共同发挥作用。

社会治理则是各种社会力量通过制度内和制度外的协调与对话，通过社区公众、社会文化、道德责任对传媒加以影响，参与行使政府的社会管

理职能，最大限度地增进公共利益，最终实现党政、市场、社会共同治理的模式。

共同治理是在我国现有的制度框架内，在政府与市场、政府与社会、市场与社会的基本关系明确定位的前提下，通过党政、市场、社会的共同治理，即引入市场机制和社会力量来提高政府效率，产生新的传媒治理方式。它不再是简单地借助自上而下的国家计划指令或市场中介无为而治的自发方式，而是国家与社会部门分享权力，组成伙伴关系、出自政府又不限于政府的一套社会公共机构和行为者共同管理的组织机制。[1] 其目的是通过多种主体参与广播治理来调节各种利益冲突，提高广播的社会效益和经济效益，从而强化广播的公共服务职能，体现了广播治理对舆论导向、法治、民主、道德等价值的追求。

（一）治理主体的一主多辅

在共同治理中，共同治理的主导还是党和政府，它为传媒治理提供合法的空间和渠道，并通过法律、法规、政策的手段来约束传媒的行为，或依据制定传媒治理原则来对传媒治理发挥作用。党和政府参与治理还可以通过对媒体管理经营人员的任免、对重大决策的审批和对管理经营者经营活动的外部监督约束（如财务审计）来实施。[2] 各其他参与治理者辅助党和政府在协作的基础上彼此相互拾遗补缺，形成互相补充、共同治理的格局。

（二）治理方式的多途径、多层次化

基于治理主体一主多辅原则，党和政府在政治性治理上，要加强舆论导向的引导和控制，约束传媒行为，降低传媒负外部性；在经济性治理中，则实施宏观领导，以监察者和指导者的身份审视传媒业的质量和效益。这样，党和政府运用政治、法律、经济等多种途径与方式发挥全局性主导作用和统筹协调功能；其他治理主体可以通过市场方式或社会动员方式等参与治理。治理方式的多途径多层次，提高了传媒治理的水平和质量，具有极大的灵活性，从而实现由主动——被动性的治理方式向互动性的治理方式转变，由行

政性的治理方式向契约性的治理方式转变，由微观干预性的治理方式向宏观调控性治理方式转变。

（三）共同治理是一个多元互动的过程

现代社会是一个多元的系统，传媒治理也应该是多元的。首先，传媒治理应坚持利益的多元化，制定传媒政策、方针、对策、措施必须考虑各种不同的社会利益，但必须以最大多数人民群众的利益为最大的利益取向。在党和政府的领导下，参与治理的各个方面，沟通协商，相互合作，努力解决公共利益和公共原则的形成和认同问题，而后将这些利益要求反映到法律以及公共政策当中去，在实现共同目标的过程中实现各自的目的，有效协商和参与机制是保证共同治理模式健康发展的重要基础。通过多元互动，更好地维护广大听众的利益，更好地推进广播媒体的发展。[3]

二、广播党政治理：党和政府对广播的管理

近代传媒引入中国后，国人办媒体伴随着民族危机的加剧而产生，很快进入政党媒体阶段，康有为和梁启超为首的改良派、孙中山为代表的革命派等都把媒体作为宣传救亡图存、救国救民思想的利器，政党媒体作为政治斗争的舆论工具取代营利性商业媒体，发展成为我国近代新闻事业的主流和主导。欧美各国曾先后进入以政党报刊为主的政党媒体时期，但随着商业媒体的兴起，西方政党媒体走向衰落并被财团媒体所取代。政党媒体服从政治斗争的需要，以政治宣传为主，新闻报道为辅，在资产阶级反封建、争取民主自由、民族解放的政治斗争中发挥了重要的作用。但政党媒体缺乏新闻独立精神，很少考虑按照新闻传播规律办事，容易新闻与宣传不分，把新闻当作宣传的工具，甚至存在以宣传代替新闻等问题。

新中国建立后，我们坚持马克思列宁主义新闻学说，并与中国的党情、国情、相结合，进行了有中国特色的新闻实践。马列主义认为，党报党台作为无产阶级先锋队的喉舌，对无产阶级的解放事业具有重大作用。具体而

言，党报党台首先表现为党的纲领、指导思想和马克思主义的宣传工具；同时也是批判各种机会主义思潮、揭露各种反动势力内在本质的有力武器。马列主义还把党报党台作为建设党的组织的工具。在列宁看来，“可以把报纸比作脚手架，它搭在正在修建的建筑物周围，显示出建筑物的轮廓，便利各个建筑工人之间的来往，帮助他们分配工作和观察有组织的劳动所获得的总成绩。依靠报纸和同报纸联系自然而然会形成一种固定的组织。”正是在这个意义上，列宁才把《火星报》视为重建俄国社会民主党的重要手段。这三大作用，可简单地归结为集体的宣传者、鼓动者和组织者。此外，马列主义还要求无产阶级党报党台，无情地暴露并铲除党内的丑恶现象，只有这样，才能纯洁党的组织，增强党的战斗力。

在党报党台与党的机关的关系上，马列主义主张党报党台应是党的事业的一部分，党报党台必须与党的机关保持一致，并接受党的绝对领导。在马列主义看来，党报党台只是“一部统一的、伟大的、由整个工人阶级的整个觉悟的先锋队所开动的社会民主主义机器的‘齿轮和螺丝钉’”，只是无产阶级政党全部工作的一个组成部分。部分必须服从整体，下级必须听命于上级。因此，党报党台“应当成为各个党组织的机关报”，党报党台工作者“一定要加入党的组织。出版社和书库、书店和阅览室，图书馆和各种书报贩卖所，这一切都应当成为党的机构，都应当请示汇报”。另一方面，党的领导机关还应主动监督党报党台的工作，“确定党的观点与反党观点的界限”，这一见解后来成了苏联等社会主义国家处理党报与党委关系的指导性原则。

马列主义还认为，无产阶级党报党台应该反映工人的利益，反映广大群众的利益。如果党报党台“轻视工人所关心的东西，难道它还能够存在下去吗？”要反映广大人民的利益，最根本的途径就是建立并发展工农通讯员队伍，大量地采用来自工人的投稿。这些稿件，“可以写各种各样的问题，尽量多写些自己的日常生活、兴趣和工作，没有这种材料，社会民主党机关报就一文不值，因而也就不配称为社会民主党的机关报”。

在此之外，列宁还根据布尔什维克的宣传实践，提出了无产阶级党报党台的基本工作原则：第一，党报党台工作者的创作自由必须服从党的基本利益。“对于社会主义无产阶级，文学事业（报刊事业）不能是个人或集团的赚钱工具，而且根本不能是与无产阶级总的事业无关的个人事业”，而是党的事业的一个组成部分。在这个事业里，有思想自由、批评自由、创作自由、而且“绝对必须保证有个人创造性和个人爱好的广阔天地”。但是这一切都必须服从党的最高利益。所有背离党的利益的自由、创造性都是不允许的。第二，宣传报道必须绝对真实。作为党的一面镜子，党报党台“应当经常保持干净，摆放端正，它所反映的东西，都不应失真”，“我们的话应当永远是诚恳的、正确的”。第三，无产阶级党报党台应该是坚持原则，充满战斗性的机关报、机关台，在具体的宣传过程中，应善于把“激烈的、奋不顾身的、无情的战斗同彻底的原则性结合起来”。在对机会主义和其他党的思想敌人斗争中，决不妥协，而应该善于战斗，善于进攻，善于追击。

马列主义的上述见解，后来直接转变成了苏联共产党新闻政策的重要内容。随着社会主义在欧洲、亚洲、美洲、非洲等一些国家的胜利，马列主义的党报党台理论又被这些国家所接受，成为占支配地位的党报党台学说的核心内容并形成制度。

随着中国的改革开放以及中国特色社会主义理论的提出，中国的传媒管理在马列主义新闻理论的基础上也开始进行改革。在建设有中国特色的社会主义事业进程中，对我国传媒党政管理提出了新要求，从管理理念、管理方式到管理结构、管理体制都进行了改革，有力地推动了我国广播媒体的繁荣和发展。

（一）转变管理职能，寓管理于服务之中

在党和政府与传媒业的关系中，政府具有绝对的领导权和控制权。具体说来，党和政府在我国传媒领域具有三重角色：一是一般社会管理者和监督者，二是市场管理者，三是国有企业的所有者。政府三位一体的角色，使政府能够行使它作为管理者的权力，保护媒体的利益，推动媒体的

发展。

当前要改变传统的管理观念和管理方式，融管理于服务之中，在服务中实现管理，在管理中进行服务。管理的目的就是为了解放和发展传媒生产力，调动广大传媒工作者的积极性、主动性和创造性，对传媒事业、传媒企业的管理就是制定传媒发展战略和传媒政策；对传媒产品的生产和流通进行规划、引导和监管，指导扶持传媒精品工程；培育传媒市场，维护健康、公正的传媒市场秩序；培育传媒管理人员和传媒经营人员；加强法律法规建设，营造繁荣传媒的良好环境。[4]

（二）加强科学管理，完善体制机制

在管理的方式上，要实行前端管理、中端管理和后端管理相结合。前端管理主要是广播准入管制，建立和完善以法人准入、职业准入、岗位准入为基础的广播管理体系。法人准入要及时修订法规和规章；在职业准入和岗位准入等方面，要明确责任编辑等重要岗位的准入条件，探索建立广播新闻从业人员的准入制度。中端管理主要是对广播经营过程合法性的监督管理，比如，可通过频率年审制度对违法经营的广播予以罚款、停业整顿和吊销营业执照等。[5] 后端管理指对违反国家有关法律、损害国家利益的传播行为或经营行为依法予以处罚，建立健全新闻业的质量评估体系和退出机制。要实现广播、电视、报纸等新闻出版单位优胜劣汰，在一套公正、透明的评估体系下建立一个科学的退出机制。

三、广播市场治理：市场对广播的监控和奖惩

文化体制改革对传媒的市场环境进行了创新，传媒即将大步走向市场，作为“经济人”，必然要接受市场的检验，按照市场规律办事，市场对广播传媒的治理必将发挥越来越大的作用。市场治理在政府治理无法达到的领域发挥作用，为广播提供市场交易和广播绩效的信息，评价广播行为和经营者行为的好坏，并通过自发的优胜劣汰机制激励和约束广播及其经营者，有利于广播建立有效的监控机制。

（一）产品市场对广播的治理

产品市场对广播的治理表现在横向和纵向两个方面：一是横向上广播之间的竞争，二是纵向上广播产品产业链上游和下游企业对传媒的约束。

1. 广告市场竞争对广播的制衡

广播市场的横向竞争表现为同类广播在广告市场上的竞争。一个不受听众欢迎的频率，广告商不会与之产生交易行为，会使频率陷入破产的境地，从而形成了产品市场对广播的治理。在市场上，广播的产品和服务将接受听众的裁决，如果不能占有一定的市场比例，说明广播的管理和经营存在问题，电台决策班子就会根据市场信息对经营人员进行惩罚。

2. 完善产品市场，构建广播外部治理机制

（1）逐步实现制播分离的体系。制播分离最早起源于英国，主要是指在电台策划、投资并拥有版权的前提下，将节目制作业务委托给外部制作机构或独立制片人完成。通过委托制作，电台在更多节目制作公司的节目中比较容易得到价格相对便宜且质量好的节目，买方市场的出现使电台在短期受益。推行制播分离的关键是建立科学的节目评估机制、实行成本核算、实施企业管理。首先，要明确哪些节目可以实行社会化制作，哪些只宜在电台内部实行栏目制片人制作；其次，广播节目制作公司的选择要公开透明，通过招标答辩、专家评审的方式产生，以避免人为因素干扰；[6] 再次，要采取市场交易的方式，即由节目制作机构投资进行前期的市场调研和策划，确定节目的内容、风格，制作节目并拥有节目版权。电台通过购买获得节目的播出权，支付方式可以是现金购买或以广告补偿。

（2）尽快建立节目交易市场。根据国际节目市场特点，应逐步建立起一个全新构架、全新运作的工作体系，建成包括节目版权、节目素材等在内的节目交易市场，实现对节目交易和流通的一个智能化管理平台。要尽快突破过去原始交换的运作方式，强调信息化、自动化，建立一套能够支持营销工作联网运营的、反映中心管理特色的计算机应用系统，并逐步开始进行广播影视作品网上交易。此外，节目交易市场还应

进行节目购买效果综合评估，通过建立科学的管理运作模式使节目交易市场得到合理发展。[7]

（二）经理人市场对广播的治理

由于传媒的特殊性，我国的传媒经理人市场基本还没有形成，高层经营管理者主要是行政任命，经理的业绩不能在市场上得到反映，激励机制也不能起作用，从而产生了很多弊端。传媒是专业性较强的行业，传媒经营更需要职业化的经营管理专家，传媒管理者的才能既是一种稀缺的资源，又具有资产专有性，这就需要我们培育传媒经理人市场。首先，要实现广播经理人的职业化，经理职业化指经理的才能只适合于这种工作，转做其他工作会造成才能浪费，不能完全发挥经理的才干，造成工作的低效率。广播经理人作为一种从事专业技术的文化人，更需要一种职业文化精神，这种职业文化精神可以激发经理的创造智慧和献身精神。因而，实现广播经理人的职业化是当务之急。其次，要构造职业经理人的产生机制和评价体系。传媒人力资本评价体系不同于一般的经理人市场评价体系，应该由广播电视聘用委员会或提名委员会、猎头公司、人力资源评估机构、审计稽查机构等组成，评价标准除了知识、经验以及信用度和忠诚度外，主要评价其经营业绩。再次，要建立面向广播高层核心领导的我国广播人才市场，形成竞争性的广播传媒经营者市场环境，即竞争性的“业内管理人”市场。

四、广播社会治理：公众、中介、文化对广播的影响与控制

社会治理是社会力量通过制度内和制度外的协调与对话，通过社区公众、中介组织、社会文化、新闻道德等对广播传媒加以影响和控制，特别是社会上约定俗成的道德、价值观念、社会规范等思想文化力量对广播加以影响和控制，参与行使的社会监管职能，最大限度地满足公共利益。

我国的新闻组织必须受到监督和控制，受到社群意见、公众行为和职业道德的约束。要建立一种独立于媒体之外的、同时又对媒体发挥有效制

衡作用的社会监督体系，要为受众媒介监督组织营造宽松的环境和空间，激发社会的积极性和创造性，开展广泛的媒介观察和媒介批评，通过社会的、道德的力量关注传播内容的思想文化意义和社会价值，从而有效抵御商业运作对思想文化的负面影响。相对于来自外部力量的监督和制约，自律更多的是源自新闻组织及其从业人员内生的、自觉的自我约束和规范。要推进我国新闻组织的自律，要恪尽职业责任，以公共利益为出发点和归宿，服务于公共利益。[8]

（一）社区公众及中介组织对传媒的治理

对广播而言，其产品的消费者就是受众，不同的频率可以拥有特定的受众群体。在广播治理中，社会公众对广播的监督功能不能忽视，尤其是在市场经济体制下，社会公众的治理功能对广播自律具有重要的作用。广播与公众联系紧密，公众的监督对促进广播的规范运作、维护公共利益、推进社会的公平与文明起到了积极而重要的作用。比如公众运用法律对广播进行监督，表现为公众对新闻从业人员违反新闻职业道德以及侵犯名誉权、新闻失实等进行司法诉讼，构成了社会公众对广播及其从业人员的整体监督，从而促进广播传媒依法规范运作。

中介组织对广播的治理也能发挥较好的作用，中介组织作为独立的第三方参与治理，主要有两种形式：第一种形式是由专门的评估机构来实施，这种组织可由政府委托成立（独立于政府），也可由民间发起。这种制度的建立将为独立的社会专业人士或组织提供较大的空间，特别是广播的经营活动产生负面影响的时候。第二种形式是广播业内的互律，即通过新闻联合会、记协、全国和地方广播电视协会和广播联盟等制定共同遵守的标准和行为规范。此外，可建立制度化渠道，鼓励公众参与，如设立公众投诉热线等。中介组织参与广播治理的优势在于：节约治理成本，弥补了政府治理行为的不足。诸如会计师事务所、信用评估机构等都能够提供广播传媒的真实情况，对广播提供信息的真假进行评估和报告。[9]

（二）社会文化对广播的治理

社会文化治理是指社会上约定俗成的职业道德、价值观念、社会规范等思想文化力量，对广播及其传播活动加以影响和控制，它不具有强制性与直接性，它对传媒从业人员的影响是深层次的，是思想管理在传媒管理中的一种反映。

1. 新闻职业道德对传媒的治理

新闻职业道德是以新闻职业责任为核心的一个综合价值体系，是新闻传媒及其从业者在新闻传播活动中应当遵循的行为和道德规范，它是新闻从业者在其职业活动中所表现出来的关于新闻传播的一系列职业观念、职业态度、职业情感、职业作风等道德现象。

对于新闻职业道德，中共中央宣传部，国家新闻出版总署及相关职能部门已经出台了一系列的文件和法律法规。然而，现实中新闻从业人员在职业道德方面还存在不少问题：工作敷衍，导致报道失实；动机不纯，编造虚假新闻；不顾影响，经营有偿新闻；不择手段，进行煽情炒作；收取贿赂，刻意瞒报新闻；无视法纪，侵犯他人权益；不计效果，刊播虚假广告。当前损害媒体和记者声誉的，不仅是有偿新闻，还包括职业理念、职业态度、职业纪律和职业责任方面暴露出来的许多问题，这就需要通过职业道德的约束对传媒进行治理。

2003 年10 月，中央宣传部、国家广电总局、国家新闻出版总署和全国记协联合向全国新闻传媒界发出开展“三项学习教育活动”的通知，将“三个代表”的学习、马克思主义新闻观的教育和职业精神职业道德的学习，列为同等重要的事情。显然，弘扬传媒的职业精神、恪守职业道德已经成为传媒内部治理的重要内容。与依靠惩罚、制裁、强制等手段进行的政府治理不同，道德治理是一种“软调控”，它没有硬性的、强迫性的调控手段，所依靠的是道德义务、社会舆论以及人们通过对义务的认识和舆论的体验而产生的义务感和良知。正是由于人与人在义务感、良知等方面的差异，使道德调控在不同的人身上表现出不同的特征和效用。对于新闻工作者来说，要大力加强自身的道德素养，明确自己所肩负的历史重任，使新闻职业道德真正落到实处。

2. 广播企业（单位）文化对广播的治理

企业文化是企业区别于其他组织的独特个性，由最高目标、价值观、作风、传统习惯和规章制度等要素组成，以价值观为核心。企业文化的核心是企业成员的思想观念即精神文化，它决定着企业成员的思维方式和行为方式。企业文化从最核心的角度传达了传媒治理主体对企业的战略管理理念，企业文化作为一种精神力量，是企业无形的约束与支柱，企业决策层的价值观直接影响了企业的整个战略过程，好的企业文化能够充分发掘出企业中每一个成员的潜能，激发他们的士气，直接影响企业的绩效。企业文化一旦形成和完善，其作用是持久的，具有鲜明特色的企业文化是激发员工凝聚力和创新精神的源泉和动力。广播传媒的企业（单位）文化既有历史积淀的优势，又有难以快速适应新形势的劣势，因而必须加快企业文化的重建和培育，强化广播传媒的核心价值观，摒弃不适应媒体竞争的因素，形成有利于改革的人文精神。特别是在广播的改革转制中，不仅要建立新的体制和机制，而且要相应地建立以人为本、鼓励发展创新、倡导团结合作、增强市场意识和竞争意识的传媒企业文化，增强员工的改革承受力，形成内部的良好舆论环境和思想政治工作保障体系。[10]

首先，良好的企业文化是企业战略高层的基本价值判断，直接渗透到企业的董事会，影响战略决策的制定；其次，企业文化对公司治理主体和公司的整个价值取向有着导向作用，这种导向不仅对企业员工的观念和行为起到一定的作用，有时还会产生强大的冲击力，起到决定性作用，特别是当一种文化思潮成为企业文化的主流时，将对公司的高层治理产生重大的影响；再者，在企业变革过程中，企业文化是企业重组导致的结构和战略的变化相融合和适应的纽带，企业在战略治理结构、组织框架、管理系统和文化之间存在一种和谐，这种和谐将有力提升企业的适应力；同时，企业文化是公司治理与企业战略管理之间的转化桥梁，直接拓展了企业管理的宽度和广度，文化的力量不在于使两者之间有了形式的结合，更在于使两者之间有更为紧密的融合和转化，公司治理主体所体现出来的价值观、责任感和使命感推动了高层管理者之间的矛盾解决，直接加速了企业治理结构的优化、整合，促进了公司治理机制的完善，为战略管理的制定、实施及控制创造了良好的条件。[11]

对于广播而言，企业（单位）文化的改变关键是从“官本位”转变为“以人为本”，由于广播意识形态属性和长期以来存在的行政级别，广播员工容易把职位晋升当作个人价值的体现，容易产生官僚主义作风，广播企业文化需要在以下几方面进行突破：

（1）要以人为本，这是科学发展观的本质和核心。广播坚持以人为本，有两方面含义，一是在新闻工作中，必须以人民群众的根本利益为出发点，在报道中彰显媒体人文精神和人文关怀。二是在事业发展中，必须重视和发挥人的作用，培养一支优秀的员工队伍，为他们搭建做事、创业的舞台，发挥他们的聪明才智和热情，同时不断提高员工的福利待遇，使他们的权利和需求得到满足。

（2）要以创新精神为内核。企业文化将人看成具有积极性、创造性、进取性的主体，认为管理的真正本质不是约束和限制，而是创造。一方面创造物、创造产品；另一方面创造人、创造思想。广播正在经历着一场“革命”，从传播观念，到传播技术，到传播渠道，再到传播手段等不断变化，日新月异。它要求广播从业人员必须时刻用新的视角看待广播业发生的各种现象，用科学发展观审视广播的发展路径，以更加理性的心态看待广播巨变，以市场的规律衡量进退得失，以科学的数据辅助决策，以包容的胸怀吸纳新兴事物。要与时俱进，勇于探索，更好地把握规律性，体现时代性，富于创造性，不断实现从思维方式、体制机制、运营模式、操作手法到各个环节上的各种形式的创新。[12]

（3）价值取向从“当官”向实现岗位价值转变。广播有各种各样的工作岗位，每种岗位都是一个舞台，都能够实现自身的价值。领导者必须改变选人的方式，对那些爱岗敬业、默默奉献的人予以重用，培养出一批名记者、名编辑、技术专家和管理专家。

（4）要树立求真务实、开拓进取的工作作风。领导者要深入群众，调查研究，对工作中存在的问题不回避，敢于承认工作中存在的错误，虚心听取职工意见，并采取有效措施加以解决。

以前的综合台模式向专业化模式转型。新闻、音乐、交通、戏曲等专业频率定位相对明晰，节目特色分明，吸引并强化着各自的受众，类型化电台则是在专业化基础上，对频率类型和风格进行双重强化，代表着专业化电台发展的新方向。

第二章
频率设置与栏目创新

大众传媒的竞争，归根到底是内容的竞争。就广播而言，从大的方面说，是广播频率的设置，比如新闻、交通、经济、农村、音乐、文艺等，它决定了一个频率的定位与基本特色；从小的方面说，则是具体栏目或节目的表现形式与内容。

本章共分为四节，第一节主要探讨广播频率的设置与创新问题。随着社会的发展和传播形态的日趋丰富，定位宽泛模糊的“泛广播”逐渐让位给以分众传播和小众传播为特色的“窄播”。广播频率也逐渐由以前的综合台模式向专业化模式与类型化电台转型。随后，重点选择新闻、交通、音乐、经济、农村等几个有代表性的频率，深入分析了各自的定位与目前发展的动向。

广播在内容和形式上的竞争，最终还是要归结到具体的栏目或节目上。当前，媒体的生态越来越丰富，媒体的丛林也越来越立体与多元，新闻宣传也出现了不同于以往的巨大变化，受众不仅对新闻的时新性要求更高了，新闻报道的维度也大大拓展，报道的形式更加灵活多样。本节结合新闻宣传的新动向、新特点，对时政新闻、民生新闻、突发事件、政风行风等节目类型进行了深入的研究探讨。

广播节目大体上分新闻（时事）、生活服务、文艺（音乐）三大类。本章第三节，重点探讨了综合信息、交通服务、情感热线类、消费维权等主要的生活服务类节目的创新与发展，这些节目是联结广播和受众的重要纽带。第四节对音乐、戏曲、评书（小说连播）、综艺等重点休闲娱乐类文艺节目进行了重点解读和探索。在大众休闲时代，广播文艺节目必须开拓创新，在满足人民群众日益增长的精神文化生活需要的同时，获取应得的经济效益。

新的经济社会形势，为广播的创新发展提供了很好的发展机遇，但它的政治属性丝毫不应该得到削弱。否则，作为一种大众传媒，广播的发展就会成为无本之木、无源之水。在新的历史时期，无论是频率或栏目（节目），都要在确保政治属性不变的前提下，开拓思路，大胆创新，多出精品，在未来的媒体竞争中占据应有的地位。

第一节　频率专业化与类型化电台

广播是大众传播的一种基本形态，传统意义上的大众传播是面向广大未知的、不确定的受众进行大量的信息复制性传播，即“广播”。随着社会的发展和传播形态的日趋丰富和多元化，定位宽泛模糊的大众传播逐渐让位给分众传播和小众传播。在新的传播形态面前，广播频率也逐渐由以前的综合台模式向专业化模式转型。新闻、音乐、交通、戏曲等专业频率定位相对明晰，节目特色分明，吸引并强化各自的受众，类型化电台则是在专业化基础上，对频率类型和风格进行双重强化，代表专业化电台发展的新方向。

一、从广播到“窄播”，受众需求引领传媒变局

大众传播是社会发展的结果，是社会融合度提高的具体体现。现代大众传播和大众传媒的出现，意味着人们的社会交往范围大大拓展，社会成员之间越来越依赖大众传媒进行信息传递、交换和分享，整个社会通过大众传播在更大规模和更宽范围上成为一个整体。如果说传统意义上的大众传播称之为“广播”，那么，现代意义上的“小众传播”或“分众传播”，就成了“窄播”，“窄播”是相对于“广播”而言的一种传播形态，是大众传媒根据细分市场中的受众进行的有一定针对性内容的传播。

（一）从“泛广播”到“窄播”

在20世纪80年代中期以前，我国的广播形态基本上称得上“泛广播”，节目形式和内容单调呆板，“千台一面”。1986年成立的广东珠江经济广播电台，一改传统的广播模式，在内容上以新闻和信息为主，在形式上以大板块直播为主，并开通热线电话，开创了让听众直接参与节目的先河。珠江经济台的创立，在广播界产生了广泛而深远的影响，人们称之为“珠江模式”，这一模式标志着广播事业从“泛广播”向“窄播”的转型。如今，经

过20多年的窄播化探索，在广播频率上，即便是小城市的电台，也不再是一频独大的综合台模式，新闻、音乐、交通、经济等细分频率，在充实城市夜空的同时，都在争取着不同收听取向的听众。

从广播到窄播，不仅是广播，也是大众传媒发展的必然趋势。

首先，从社会结构转型和听众需求的角度看，近年来，中国经历着从传统社会向现代社会的全面转型，政治体制、经济体制都发生了深刻的变化，以市场为导向的社会主义市场经济体制逐步确立，社会分工越来越细，从而催生多元化的社会群体，社会群体的分化产生多样化的信息需求。同时，随着网络、手机等新媒体的发展，信息的急剧膨胀和迅速传播成了新的媒体生态。在这种生态下，人们不仅要掌握海量的信息，更需要各媒体对纷繁芜杂的信息进行分类加工整理，让受众各取所需。在这种情况下，一个频率、一个栏目要满足所有人的需要已不太可能。这就需要进行市场和受众细分，根据特定受众群体的普遍收听兴趣设置频率，编排节目，以提高频率和节目的“黏度”。从这种意义上说，广播适应听众多样性需求必须向窄播方向发展，多频率同时播出，形成各频率的分工与定位；广播功能不断拓展，这在客观上促进了广播传播的“窄播”发展趋势。

其次，激烈的媒体竞争，也在推动广播向窄播方向发展。近年来，不管是作为传统大众传媒的电视、报纸，还是作为新媒体的网络和手机，都在强力拓展市场，抢夺甚至蚕食广播的发展空间。在大众传媒新一轮的竞争大潮中，专业化和市场细分都成了各媒体攻城略地的法宝。电视分化出了专门的新闻频道、都市频道、经济频道、电视剧频道、电影频道、农村频道、戏剧频道、教育频道、少儿频道等。报纸除了传统的党报，各地纷纷推出晚报、都市报、商报、经济报、娱乐报、体育报、文摘报等，各自争夺特定的受众群体。这种对象性、专业化，更有针对性的窄播传播，在有效拓展受众的同时，也让受众群更加具体而稳定。广播要增强竞争力，必须吸收和借鉴其他传播媒介成功的经验，顺应窄播传播的发展趋势，真正以“窄”取胜。[13]

此外，从广播到窄播，也是广告效益提高的迫切要求。随着消费市场的逐步成熟，消费需求的多样性和差异性也凸显出来，这进一步刺激和加速了企业间的分工，迫使企业从共性市场转向个性化市场。企业追求的不再是在整体市场上取得较小占有率，而是在一个或几个小市场上拥有较高的市场占有率。在这种情况下，商家投放广告时看重的也不再是节目的整体受众占有率，而是其针对目标的市场目标消费群。因此，对于依附市场经营的媒介而言，"市场化"的条件下，"全"也不再是竞争优势。相反，和企业一样，媒介及其服务越专业才越有效率，越有市场。因此，广播要在竞争中求胜，就必须研究并适应这种客户需求变化，以专业化的服务，获取细分化市场中的高占有率。

（二）广播专业化，在摸索中前行

广播专业化仅就广播的内容而言，它是广播在受到电视、报纸等媒介样式冲击时采取的一种应对策略，其结果直接呈现的就是广播事业由过去的广播逐渐走向了目前的"窄播"，定位越来越多样，受众划分越来越细微。

在最早出现广播的美国，广播专业化的最大特点是形形色色的专业台和类型台的不断涌现。当前美国15000多家电台中，综合性电台已寥寥无几，专业台占据着绝对主导地位，一家电台往往以一种专业的节目类型取胜，如新闻台、音乐台、谈话节目台、全天候宗教台等。这种专业化和类型化在广播发展历程中呈现出越来越细化的态势。在广播发展较为先进的我国台湾地区，是以某个层面的听众喜好和需求为节目设计的依据，尽量吸取意识形态和价值取向相近的听众，比如有为农民而设的神农电台，有为上班族和妇女而设的大众电台，有为喜爱音乐人士服务的台北爱乐，有专门讨论社区公益的远景社区电台。此外，中广客家频道，宝岛客家电台与新客家广播电台以客家人为目标听众，兰屿之声与太鲁阁电台以原住民为目标听众。在全球的其他国家，广播事业在发展过程中采取的也是类似的专业化手段。[14]

在大陆，以20世纪80年代广东珠江电台为引领，广播专业化也在有条不紊地推进。作为广播业的龙头老大，中央人民广播电台就开办了全天候新闻台——中国之声、经济之声，各地还根据当地的资源优势，开办起一些特色频率，如广东台的粤语广播，河南台的戏曲广播、农村广播和旅游广播等。

（三）类型化电台，与时俱进的选择

类型化电台就是在传统电台基础上，更加符合听众收听习惯，尊重传播规律的一种播出模式的改革，它是广播专业化的深化和革新。类型化电台播放相对固定类型和风格的节目，以吸引特定性别、年龄的听众群。从全球化的角度来看，类型化电台已成为广播媒体运作的一个主流模式。

类型化电台淡化名牌栏目，以打造名牌频率为目标。对听众而言，这种播出模式容易记住电台特色，容易了解电台提供的内容，容易养成收听习惯。从而使听众收听时间加长，形成较高的忠诚度，创造稳定的收听率。

类型化电台是从音乐电台开始的，所以在一段时间里，人们误以为只有音乐台才能采取这种模式。而在美国和我国台湾地区，特别是上海东广新闻的类型化播出模式的诞生和成功，说明类型化电台具有宽泛的适应性。

上海东广新闻的做法是：从9：00～24：00，整个台的节目设置以半个小时为单位，每个整点和半点以直播形式播出10分钟新闻和气象，新闻的传播更为及时、完整。东广新闻台刚开播，正赶上上海“两会”召开。人代会开幕式10：30一结束，东广新闻台的《东广半点新闻》中就播出了会议开幕消息和政府工作报告的要点。两个月后的3月5日，全国“两会”在北京举行，东广新闻台再次以自己的及时传递在媒体竞争中为广播赢得了一席之地。记者在新闻事件现场同步报道新闻事件的最新动态，重要新闻事件跟踪滚动播出，使广播成为可以“随时出版”“连续出版”的报纸。这种“滚轮式”播出方式，做到了“听新闻不用等”，实现了理想的信息接收方式——需要新闻时随时打开收音机。后来，这种类型化新闻台模式已在中国之声和不少省级新闻台中逐渐推广，并取得了较好的效果。

类型化电台不仅提升了品牌形象，也大大提升了非黄金时段的收听率。根据央视索福瑞公司近年来的调查，东广新闻台进行类型化改造后，《东广新闻》外的其他时段的收听率较改版前有了明显飞跃，其中，10：00～15：00收听率上升200%，19：00～24：00收听率上升

100%。从上海广播市场的市场占有率数据来看，在全部的13套广播节目中，东广新闻台10：00～15：00上升116%，15：00～19：00上升80%，19：00～24：00上升27%。

中央人民广播电台音乐之声是我国最早实行类型化的频率。开播后不久的一次市场调查显示：音乐之声的有效收听率大幅度领先于北京电台的交通台、音乐台、中国国际广播电台等其他电台，在北京地区取得了31.13%的收听率，位居第一。同时，这种整体的运作方法让听众对整个频率的依赖程度提高，听众收听同一频率的时间延长，频率的品牌价值得到较快提升。

从实践看，类型化电台是一个与时俱进、更加符合市场要求的过程。频道的专业化发展，为广告客流的细化奠定了基础。由于广告客户使用的是到达率、目标听众的总收听率、千人成本等指数，他们更注重传播的效应和结果。频率的专业定位和诉求明确后，客户对媒体的认可和了解也更加成熟，减少了投放的盲目性，增强了各个频道的针对性。于是在各频率的客户群体中，都有了主流客户群体，从而打造了频率专业化、诉求细分化后的广告新景象。

如今，传媒变革风起云涌，类型化电台的出现就是面对变化、改革和创新的产物。但它的应用还不是非常普及，还需要实践者根据具体情况加以革新，以适应不同类型电台、不同地区听众的需求。[15]

二、新闻广播：速度更快，容量更大，观点更强

目前我国最具活力的三种类型化电台是新闻台、音乐台和生活服务台，它们在我国听众中占有绝对的主导地位。在美国，新闻类节目受关注程度也比较高，新闻类广播是美国广播市场中重要的电台类型之一。新闻性电台的节目元素主要包括联播新闻、地方新闻、天气、焦点新闻，专栏（特定）等，根据世界知名收听率调查公司阿比创（arbitron）2007年的统计数据，新闻（谈话）类节目在众多类型的广播电台中稳居收听率之首，达43.6%，新闻类节目还是电台吸引高端听众的重要环节，即使是与新闻相去甚远的类型化

音乐电台中也不缺少新闻元素。

在广播专业化的浪潮中，凭借着丰富的新闻资源和相对强大的新闻采编能力，新闻类电台走在了新闻创新与改革的前沿。在我国，除了上文提到的上海东广新闻广播，中央人民广播电台中国之声在新闻改革方面具有很强的典型性。中国之声2009年开始的全新改版，突出了“轮盘播出，大时段新闻，迅速及时，深浅配合”等明确的思路与特点。河南电台新闻广播2011年初进行的全新改版中，也采取了类似的思路。

（一）编排结构创新：从突出早中晚到全时段占领

当今已进入海量信息时代，人们生活节奏加快，新闻信息需求量大，原有的播报形式已难以满足今天听众的要求。“板块+轮盘（类轮盘）”就成了许多新闻广播新的节目结构方式，这里的板块指的是在早、中、晚三个传统的新闻收听高峰时段，相应设置早、中、晚三个板块，继续抢占传统收听阵地。这些板块是按照全天收听波峰设置，中国之声的早间新闻以“新闻报纸摘要”和“新闻纵横”为一个板块，午间的“全球华语广播网”，晚间的“全国新闻联播”、“新闻晚高峰”等。而除此之外，“中国之声”每天安排了10个小时的“央广新闻”，以半小时为单元，滚动播发新闻，大大提高了新闻时效，满足了听众源源不断的信息需求。据“中国之声”负责人介绍，新闻都是最新消息，新闻滚动的更新率基本达到80%。新闻比例由过去的40%提高到75%以上。

这种编排方式不仅及时播出最新最快的新闻，还能在很大程度上拓展新闻的深度和广度。改版前“中国之声”90%的新闻资源基本在两大传统新闻节目“新闻和报纸摘要”和“全国新闻联播”里播出，而这两档节目受时间和节目风格限制，很多民生的、有价值的新闻难以播报，而且这两档节目时间间隔长达十几个小时，上午发生的新闻，只能等到下午6点在“全国新闻联播”里播报，这样就延误了新闻的时效性。而改版后，所有重大的国内、国际新闻都能在全天任何时段播出，真正做到了“报道正在发生的事实”。

当然，在打造纯新闻台方面，中国之声有作为国家电台的独特优势，它掌握的很多垄断资源，地方电台无法获得。同时，由于人力所限，地方电台打造全天候的新闻节目难度很大。尽管如此，地方台也在推行“板块+类轮盘”的结构创新。这里的“板块”与中央台类似，都是早中晚三个时段的高峰期节目，而“类轮盘”指的是形式上接近轮盘，比如，河南电台新闻广播就通过10档《豫广新闻》（整点新闻），与早中晚三个板块进行有效串联，撑起了全天的新闻骨架，尽可能让新闻在第一时间播出。

（二）工作模式嬗变：从“5+2”到全天候

在激烈的媒体竞争开始之前，广播新闻大多采取 “5+2”的播出模式：周一到周五以新闻为主打，周末两天以文艺节目或时效性不太强的新闻录播节目为主，偶尔还会穿插一些相声、小品和戏剧节目等。近年来兴起的广播电视新闻改革浪潮，颠覆了以前的广播电视新闻工作状态。无论是改版后的央视新闻频道还是央广“中国之声”，每周7天，天天都是以新闻为主打。什么时候打开新闻广播或电视新闻频道，几乎都能听到或看到最新的新闻资讯，这对培养受众的收听习惯非常重要。当然，由于周六周日几乎所有政府部门、机关单位放假，新闻源相对较少，然而，对视时效为第一生命的广播新闻工作者而言，仍有不少人在千方百计地为受众“烹制周末新闻大餐”。在中国之声和全国绝大多数省级电台，周末都会安排一定比例的编辑记者值班，这在很大程度上拓展了周末新闻节目的广度和空间。经过一段时间的尝试，全天候模式带来的效果十分明显。相关调查数据显示，全天候新闻对周末收听起到了很强的拉动作用，无论是中央台还是地方台，周末的收听率比改版前大大提升。

（三）广播方式蝶变：从录播到直播

与报纸电视等传统媒体相比，广播最大特点就是快，传播速度快，已成为广播的核心竞争优势之一。而要想提升和巩固广播这一竞争优势，广播必须实现播报方式的根本性转变，就是变录播为直播。当前中国广播新闻界普遍采用的“板块+轮盘（类轮盘）”，基本上都采取直播的形式，除了轮盘或整点新闻需要在直播过程中即时插播新闻外，随着新媒体的发展，广播节目中短信、微博等互动方式的应用也越来越普遍，这些即时互动的传播更需要在直播状态下进行。

一些重大新闻和许多重大活动，越来越多地采用直播方式来进行。比如，神舟七号、神舟九号等上天，每年的全国两会记者招待会等重大新闻报道活动，中国之声就进行全程直播。各个省市举办的重大节会活动，也往往能看到省级电台直播车的身影，这些大型直播活动，在提高快速传播能力、扩大广播影响力方面效果非常明显。

除了日常新闻报道，广播在直播中的优势，还体现在冰冻雨雪、抗震救灾等灾害性天气方面。经历了几年前我国南方遭遇的冰冻雨雪和5.12四川汶川大地震等大型自然灾害后，人们发现：在恶劣的气象条件下，在灾难来临之际，广播是反应最快，也是唯一能有效到达的媒体。这时候，报纸发行受阻，手机信号不通，电视携带不便且电力供应难以保证，对灾区的干部群众来说，广播就成了最好的伴随性媒体。5.12汶川大地震发生后，为方便灾区干部群众了解外部信息，不少机构和社会团体向灾区捐赠了大量收音机。

（四）传播形态创新：大量运用连线和评论

出于媒体竞争的需要，在广播传播形态上，为配合快速新闻和即时新闻，在广播新闻节目中开始大量运用连线。在新闻播报上，连线是最快捷，同时也是最有现场感的传播手段之一。记者在现场发现新闻，或得到比较有价值的新闻线索，可以通过连线的方式第一时间传播出去。在中央台中国之声等力推的“板块+轮盘”节目中，甚至会通过连线的方式对同一条新闻进行追踪式、跟进式报道，吸引受众对这一新闻事件进行持续关注。当然，这里的连线对象除了记者外，新闻当事人也越来越多地连线到广播新闻中。此外，在一些深度新闻节目中，经常会连线评论员或相关专家对新闻事件进行点评和解读。[16]

“报纸就是观点纸”，随着媒介的增多和传播方式的多元化，新闻竞争的主体已逐渐从独家之争转向观点之争。知名传播学者李彩英认为，“媒体的竞争正从独家报道之争转向独家评论之争。评论竞争将是媒体新一轮竞争的焦点，也是媒体赢得受众的一个重要因素”。的确，在“独家”越来越难以实现的情况下，谁能及时对新闻进行独特、深入的解读，谁就能占领制高点。在新形势面前，广播电视新闻评论类节目越来越多，以笔者所在的河南电台新闻广播为例，改版以来就新上了《657新闻眼》《新闻今日谈》等专门的评论节目，甚至在《河南新闻》等传统新闻节目中也加入了越来越多的评论性内容。

（五）播报方式创新：口语化

广播新闻发展到今天，人们已不仅仅满足于宣读式的播音模式，更需要那种对稿件有独特的理解和把握，并用独有的充满个性魅力的表达方式来报道新闻。这里面较早出现的是中央台中国之声《新闻纵横》节目中的郭静等，播报新闻语意清新，语言流畅，感情饱满，自然亲切，超越了传统的播音模式，给人们带来了全新的感受。近些年，随着城市台民生新闻的崛起，“说新闻”的方式已被广泛采用，许多新闻节目主持人都采用口语化的“说新闻”的方式来报道。

与传统的“播新闻”相比，“说新闻”显得更加亲切、自然、流畅，“说新闻”的口语化，更容易被听众所接受，更容易密切与受众之间的关系。变“播”为“说”是时代的要求，“说新闻”对主持人要求较高，要求主持人具有较高的新闻素养和较强的语言表达能力，对新闻信息以及相关背景材料、评述资料融会贯通，以“我”的理解，“我”的感受来说给受众听。由于每个人理解问题的方式不同，语言表达风格的不同，自然就形成了独特的个性风格和多种“说新闻”的表达方式，或娓娓道来，或慷慨激越，有的以理性见长，有的以锐气取胜。当然，类型化电台竞争的焦点之一，就是通过特定内容和风格来满足特定听众的喜好和需求，从而形成有别于其他频率或频道的节目设计。

（六）政治属性：直面困境，着眼未来

新的历史时期，为新闻广播提供了发展机遇，但从政治属性上考量，新闻广播又面临前所未有的困境。具体表现在：第一，重产业属性、轻政治属性，新闻媚俗化的现象有所抬头。新闻广播的双重属性，决定了从业人员在完成硬性宣传任务的同时，还要进行经营创收，以维系自身的生存和发展。这就使得一些地方的新闻广播把主要精力用在创收和收听率上，而无暇顾及自身的政治属性。为了提高收听率，一些报道片面追求刺激性、轰动性，个别报道甚至造假、贩假，如果任其发展下去，后果将不堪设想。第二，传媒业多元化格局，使得市场竞争十分激烈。新闻广播虽有其自身优势，但与强势的报纸、电视、网络相比，其传播力和影响力似乎不在一个重量级上，想取得较好的市场份额，势必要付出更多努力，甚至一些政府部门片面地把广播定位为“主流媒体中的弱势媒体”。这对广播的经营发展提出了一定挑战。第三，交通广播、音乐广播等专业频率的崛起对新闻广播形成冲击。近年来，随着我国汽车经济和交通市场的快速发展，交通广播强势崛起，无论是产业经营，还是节目影响力都有盖过新闻广播的势头。音乐广播也因其提供娱乐休闲的功能，日益成为广大年轻听众甚至中年听众的选择，收听率直线上升，也对新闻广播形成冲击。新闻广播要在这些困难面前坚守政治属性，需要付出更多努力。

历史经验告诉我们，在任何时候，新闻广播的政治属性都不能削弱，否则就会成为无本之木、无源之水。在不削弱政治属性的基础上，如何开拓思路，大胆创新，多出精品，将听众拉回来，实现逆势崛起，这是新闻广播未来发展要考虑的重要问题。

三、交通广播：明确定位，凸显特色，拓展产业链

在各种类型的专业化电台中，交通广播以其快捷准确的路况信息和较强的伴随性，成为一种重要的广播类型。目前，各地交通广播的创收额大都排在当地电台前列。北京交通广播电台近些年的创收额在全国广播单频率中连续名列第一，湖南交通台和浙江交通台的收听率和广告创收额在当地电台

中都名列前茅。据统计，交通广播的广告额已占全国广播广告总量的一半左右，被业界称为“交通广播现象”。当然，随着媒体竞争的日益激烈，交通广播也面临着后继乏力、上升空间有限等问题。交通广播要想继续独领风骚，要从以下几个方面入手。

（一）细分市场，明确定位

在日趋激烈的媒体大战中，交通广播能否续写辉煌取决于听众数量与质量支撑。面对新的竞争形势，迫切需要引入营销学的理念，实施战略营销策略。战略营销的核心是STP，即通过细分市场（Segmenting），选择产品受众（Target），从而进行准确的定位（Positioning）。值得注意的是，明确的定位可以塑造媒体的个性，但前提是定位所指向的人群要达到一定的规模才行，如果这个人群数量很少，或者消费能力不足，即使这个定位再明确，其市场生命力也是有限的。因为媒体辐射到的受众的消费力直接关系到广告商的层次，势必对媒体的发展产生重要影响。从这种意义上讲，交通广播在进一步明确自己的定位时，必须把定位指向的市场潜力考虑在内，否则可能是死路一条。

当前，被各地交通广播当作核心听众的是有车一族和乘车一族。这些人群出于对交通出行的需要，多数是关心路况信息的。与此同时，他们的角色往往又是多维的，即除了是单一的司机或者乘客外，还有其他的社会角色，获取交通信息并不是他们收听广播的唯一诉求。

据调查，北京交通广播的主体听众中，把驾车作为职业的出租汽车司机只占0.4%，排在最后一位；排在前四位的分别是企业管理人员、企业职员和自由、个体职业者以及机关、事业单位的管理人员。这些人驾车或者乘车出行，自然需要交通信息。但是，由于他们在社会中扮演着不同的角色，同时需要获取时政、财经、管理等多方面的信息，还希望欣赏音乐、文学等节目。因此，如果要使这些各具特点的听众对交通广播产生更大的黏性、更强的依赖性，使自己的节目更好地融入他们的生活，就有必要实施节目的分层传播。因此，在频率和节目专业化的同时，要考虑专业化的度，过分的专业化，可能会丧失大量潜在的听众。因此，专业中也要有综合、有分层，在进行节目设置时，要紧紧围绕交通问题，开设更多的相关栏目，丰富现有的节目内容，努力满足核心听众不同的信息和娱乐需求，并开发新的潜在听众，扩大受众面，提升受众的生活品位和消费水平，最终实现双赢的战略目标。[17]

（二）铸造交通广播品牌，提升频率形象

这是一个品牌为王的时代。任何产业，只有打响了自己的品牌，才能奠定行业发展的坚实基础，交通广播更应该立足于以前奠定的较好的品牌基础，在频率竞争中更上一层楼。

建立一套具有统一性、完整性、组织性的识别体系即CIS来传达独特的经营理念，树立鲜明的媒体形象，是交通广播铸造品牌的一个重要手段。杭州“西湖之声”把自己打造成“汽车电台”，巧妙地把“西湖之声”4个字设计成一个汽车模型，无论是名片、话筒标、采访袋、采访车、宣传海报，还是为主持人制作的电视宣传片等，都把这些视觉元素巧妙地融合起来。此外，他们还在西湖边的重要路段设置了整个墙面的户外品牌广告。这些精心“包装”，为“西湖之声”在杭城赢得了相当高的知名度，强化了频率的整体品牌形象。湖南交通广播则推出“平安小精灵”的卡通形象，其方向盘造型的脸上，流露出自然而可爱的微笑，被视为平安、吉祥的象征。这种视觉化形象的品牌推广，同样使湖南交通广播赢得了很高的知名度。

湖南交通广播全力打造的平安小精灵品牌，也是一种非常好的尝试。他们围绕平安小精灵这一卡通形象，打造完整的广播产业链，不仅开展自驾游、车友会等活动，还开发了动漫产品及卡通玩具等进行商业运作。去年一年，“平安小精灵”的创收达到了1000万元。

积极参与甚至主动策划和组织社会活动，是提升交通广播的公众形象行之有效的方式。河南交通广播电台就利用2009年的极端恶劣天气，与省交通厅和省交警总队合作，建立路警联合指挥中心，在恶劣天气下解决交通问题起到很好的社会效益，提升了交通广播的社会形象。当然，交通广播参与社会活动的形式多种多样：既可以通过积极投身公益事业树立富有社会责任感的媒体形象，又能整合现有资源，面向公众开放。同时也可以通过精心策划、周密组织各种有益的活动，增强交通广播的接触率，提升交通广播的知名度。值得不断地推陈出新，多方尝试。

（三）整合资源，拉长产业链条

大众传媒进行产业化，一般来说有两种途径：第一种途径是整合已有产品（比如栏目等），改变发布途径，在不改变主业的基础上，立体利用资源，获得多重收益；第二种途径是利用媒体自身的影响，借助外力，开门办台，实现优势互补，资源共享，拓展发展的外部空间。比如交通广播的路况信息，目前基本上只有广播节目一个发布渠道，如果将它进一步整合，还可以利用网络、手机短信等多种渠道发布，甚至利用相关技术，开展路况信息订制业务。再比如，一些广受欢迎的交通广播节目，可以做成视频产品，放到数字电视、网络电视或者车载移动电视上播出；还可以结合节目，做一些特色彩铃，供用户下载使用；还可以依托节目，利用周末、节假日搞一些汽车拉力赛之类的活动。这样，通过具有资源优势的“后广播产品”开发，不仅可以提升节目的影响力，还能够增加收益。总之，要围绕“车”和“行”，整合汽车与广播的资源优势，全力把交通广播打造成当地具有较强竞争力的交通服务运营商。

在资源整合上，交通广播有许多特有的载体和平台。比如，汽车俱乐部就是一个很好的平台，随着汽车时代的到来，汽车俱乐部在我国的发展前景广阔。如果单独建一个汽车俱乐部或汽车维修企业，肯定拼不过专业型企业。但是，如果借助交通广播自身具有的信息、数据、联动等资源优势，依托广播媒介的公信力和影响力，实现资源共享，就能够实现叠加效应，产生“1+1>2”的效果。

（四）握指成拳，打造品牌栏目

经济学中有个著名的“二八”定律，内容是一件事情的成败，20%的重要因素将占据80%的权重，是兴衰成败的决定性力量。拿到交通台来说，80%的影响力是由20%的名牌栏目决定的。因此，能否办好这20%的重点栏目，将成为事关交通频率成败的关键。研究表明，听众对节目的忠诚度，大于对频率的忠诚度。听众往往是通过品牌节目来认识频率的。专业频率必须通过主打节目来吸引听众，培养听众的忠诚度。由于编制等方面的限制，一般省级交通台只有三五十人甚至更少，市级台人力更加紧张。在这种情况下，更不能像撒胡椒面一样平均用力，正确的方法是要集中80%的人力办好20%的品牌节目。

在各种类型的交通广播节目中，路况信息是最具“卖点”、也是最具“明星相”的产品。各交通广播都把路况信息当作重头戏，精心打造。从2002年开始，北京交通广播就把直播室搬进市交管局指挥中心大厅，利用上下班高峰时段，由警官大密度地播报实时的道路交通信息，大大增加了信息的及时性和权威性。此外，北京交通台还从全市十几万名出租车司机中挑选出50名作为特约信息员，由他们在行车途中随时报告路况信息和突发事件，力求信息的及时性和贴近性。青岛交通台则不仅在导播室安装了警用电台，还启用了两部警用路况巡查车，沿途发回实时路况信息，并且实现了全天候播报。当然，随着媒体竞争加剧，如今路况信息已不再是交通广播的独家资源，能否及时推陈出新，增加新的“卖点”，是交通频率捍卫广播龙头地位的关键。

利用交通广播丰富的资源，打造汽车服务类品牌节目，是一种较为明智的选择。河南交通广播就利用信息和专业化的优势，重拳打造《南方谈交通》栏目，取得了较好的效果。依托丰富的平台，主持人对交通规则、法规了然于心，节目内容精准到位，直播互动话题能迅速抓住听众，让听众在拥堵的路上“堵车不堵心”。

总之，交通广播的栏目必须牢牢抓住“交通”“汽车”这些相关专业主题做足文章，不断推出优秀节目，着力打造精品栏目，逐步形成品牌优势。

此外，作为一种广电媒体，广播与电视一样，主持人的个性形象对培育品牌节目至关重要。听众对于自己喜爱的节目和主持人总是抱有亲切感和信赖感，这是广电媒体十分宝贵的资源，也是节目成败的关键因素之一。在很多情况下，主持人的魅力甚至可以超越节目本身，这也是个性化、明星化主持人的魅力之所在。浙江电台交通之声的品牌栏目《阿宝路路通》，首创角色化主持、热点热线双向交流模式。创办十多年来，该栏目不仅一直保持着很高的收听率，深受听众的喜爱，还多次获得国家级大奖。因此，培养风格各异的节目主持人，对于强化频率品牌个性至关重要，而频率也应当把优秀主持人作为无形资产精心培育、悉心呵护，切实提升频率的“核心竞争力”。

四、音乐广播：错位竞争，奏响音乐交响曲

由于具有伴随性和流媒体特征，广播在播放音乐上具有专门优势，音乐台就是最早并最受欢迎的专业化频率之一。根据CSM媒介研究公司的结论：截至2005年上半年，我国各地的音乐频率已经达到40个。市场中80%的份额由30%的频率所占有，而音乐频率大多是当地的强势频率。20个城市中音乐频率听众规模最大的是上海（146万）、其次是北京（100万）；占有听众比例最高的是南京（到达率23.7%）。即使在新闻、交通、都市等强势频率中，也经常通过播放音乐来放松心情，调节节目的节奏。美国15000多家频率中，70%都是各类音乐台，而且这些台受众定位非常细致。如古典音乐台、乡村音乐台、爵士音乐台、西班牙音乐台、墨西哥地方音乐台、当代基督教音乐台、摇滚音乐台、美国黑人音乐台、途中音乐台、动感摇滚音乐台、怀旧金曲音乐台等，几乎涵盖了所有的音乐风格。

在我国，音乐频率远没有美国多，细分化也不够，“同质化”比较严重，要在激烈的竞争中脱颖而出，创新是关键。

（一）创新频率定位，避免“同质”混战

当今广播媒体，综合台已经让位给专业化广播频率。专业化的过程其实就是寻找特定听众群体、找准特定频率定位的过程。广播频率这种细分市场、寻找准确的受众定位的做法被称为“适应广播”，即通过专业化占据适

合自己的市场位置。这种竞争策略也是广播频率“异质化”的过程，使自身定位有别于其他广播频率，从而赢得竞争。“异质化”的动力一方面来自于听众个性化的收听需求，广播频率顺应这一变化，风格定位日益向适应个性化收听靠拢；另一方面，经济发展的直接影响是，社会产品极大丰富，商品的目标消费群的定位也日益精细，因此产生了对细分化广告媒介的需求。

就音乐类广播频率来说，由于音乐类型多样，音乐风格繁多，所以理想的市场模式是有多少种音乐类型，就有多少种广播频率定位。从20世纪50年代至今，美国广播业已经为此摸索出几十种专业化途径，一家电台就以一种专业化节目类型取胜，如地方电台的音乐类型就可分为老式摇滚音乐台、途中音乐台、专辑摇滚台、流行金曲台、美国黑人音乐台、爵士音乐台、西班牙音乐台、古典音乐台、乡村音乐台等。正因为广播业及时调整自己的经营战略，不以节目的综合性与电视抗衡，而以节目的类型化、电台的专业化突出自己的特色。这样，几十年来，广播业保持了稳步的发展。[18]

1. 年龄、性别会影响听众对音乐的选择

就中国的情况而言，虽然由于传统文化和经济社会上的差异，听众的音乐欣赏习惯与美国有很大不同，但由于年龄、性别的不同，同样具有多样化的收听倾向。调查表明，年龄和性别会影响对音乐的选择。一般而言，随着年龄的增长，对兴奋度强的音乐的需求也在下降，而对抚慰度强的音乐的需求则在上升。而女性比男性更喜欢抚慰度强的音乐。

2. 职业也会影响听众对音乐的选择

学生群体较多选择最新的流行音乐；职业司机可能更倾向于经典流行歌曲；而公司白领则可能更喜欢爵士……此外，对于频率的节目风格，不同的听众群也有不同的选择。这里说的节目风格主要指两种模式，即“个性化评论+音乐”模式和“背景音乐”模式。前者以北京音乐广播为代表，后者则以中央电台音乐之声为典型。由于个性十足，两者在北京市场赢得了很高的收听率。

因此，虽然国内听众的音乐欣赏习惯不同，像美国广播一样的绝对意义上的细分还做不到，但国内电台同样可以在充分的市场调查的基础上推出适合国内听众口味的、具有个性化定位的音乐频率，从而避免异“台”同声地播放流行音乐、“同质化”混战的尴尬局面。

（二）更新运作理念，开发听众资源

对于音乐电台来说，首先要打破以往 “黄金时段”的教条戒律，开发“非黄金时段”的潜在收听群体。其实，对于广播，特别是对于音乐类广播频率来说，由于收音机越来越便于携带并能够伴随收听，并且驾车人群越来越多，“黄金时段”与“非黄金时段”的界限越来越模糊。音乐频率应对所有时段进行精心耕耘，充分挖掘这些时段潜在的听众群体，推进整体化运作。比如北京音乐广播上午9点至10点播出的《974爱车俱乐部》，虽然处在“非黄金时段”，但由于策划得当、制作精良，在京城有车族中很有市场。在日本，日本广播协会每晚23：00至次日凌晨5：00播出的《广播深夜便》是很受老年人欢迎的一档大时段直播节目。节目通过提供美妙的音乐、深入人心的谈话获得广大听众，特别是老年人的认可。这个节目的出现明显有悖于日本一般电台“深夜节目是针对年轻人”的节目编排习惯。

因此，广播节目的设置不能“唯习惯是从”，应努力开发新的“黄金时段”，吸引潜在的收听群体。广播的发展潜力、发展前景正在于此。

（三）适度超前，培育潜在市场

要具有长远的眼光，敢于“吃螃蟹”，有目的地培育听众市场，引导新的收听潮流。

当前广播音乐主要听众集中在15～24岁的青年群体中。一般说来，他们的音乐需求倾向于最新的流行歌曲。他们的收入较低，收听时间集中于中午和晚上，崇尚并追逐时髦，喜欢休闲娱乐。因此，他们的收听需求反映在音乐电台的风格上就是“流行+娱乐”，节目的品位不高，内涵有限，为一些事业有成的人士所不屑。“广播音乐面向收入有限的年轻听众”的想法在一些广告主思想中根深蒂固，自然影响广播电台的广告经营。

其实，音乐就像新闻信息一样，一般的市民阶层喜欢热闹的市井新闻和

娱乐资讯，而上流阶层则关注国家大事、国际形势和经济动态。过去的读者并不明确自己对于这些“主流新闻”的需求，但《21世纪经济报道》《经济观察报》和《财经》杂志等所谓“高端”报刊的推出培育了中国的主流新闻（财经、时政等）读者，逐渐改变了读者的认知水平。这些“先知先觉”的媒体的适度超前造就了今日的成功。

同样，对于广播来说，流行音乐很热闹，但更“主流”的领域还有待开发，这部分听众群还有待培育。一些非大众化的音乐类型，比如轻音乐和爵士乐，在一些经济发达城市已经有了一定的市场，在充分市场调查的基础上，国内音乐电台应敢于适度超前，引导新的音乐欣赏潮流。一方面，相同的社会地位和身份背景决定了这部分听众相同的音乐欣赏习惯；另一方面，相应的产品广告（即适合这部分听众消费的产品）的跟进将进一步加强这种角色认知。在这一循环互动的过程中培育起中国的“主流”音乐听众，打造出主流音乐广播频率。

五、经济广播：服务大众投资时代

以珠江经济台为代表的经济广播，作为全国广播改革的旗帜，着实让经济广播火了一把。经济广播开创的新的节目形态，带动广播绝处逢生，走出低谷，创造辉煌。然而，随着交通、音乐等新兴广播的崛起，经济广播风光不再，呈现颓靡之势，不少地方易帜，改为城市管理、都市广播、居家广播等名称，经济广播陷入尴尬、彷徨之中。

山穷水复疑无路，柳暗花明又一村。随着股市和楼市在人们生活中占据越来越重要的地位，加上金融市场的逐步发展，中国已经进入大众投资时代。这对经济广播是机遇，也是挑战。经济广播必须改变以往综合台的发展模式，大胆创新，寻求新的发展机遇。

（一）选准突围方向：让经济广播回归“经济”

经济广播听起来定位明确，导向清楚，但它的兴盛却与“经济”没有任何关系。1986年12月诞生的广东珠江经济台，靠大板块、主持人直播、热线电话参与的“珠江模式”引起轰动，并引发全国范围的广播改革。这种形式的意义在于，一根电话线，把广播与百姓连在了一起，正是靠前所未有的参与性和亲和力，经济广播迎来了发展的春天。但从内容上说，这时的经济广播，还是综合广播，没有多少“经济”的内容。当初珠江经济台之所以叫“经济台”，旨在学习香港的办台模式，自负盈亏，进行商业化运作。因为当时的主管部门不允许叫“商业台”，最后折中成了“经济台”。直到今天，珠江经济台依然不是专业的经济广播，而是粤语的综合广播。

进入20世纪90年代后，没有多少“经济”内涵的经济广播逐渐被文艺、音乐、交通、生活等后起之秀模仿并超越。大板块、全直播等新模式运用到这些专业频道之后，其内容更专业，听众市场划分得更细。于是，重点不突出、特色不鲜明的经济广播的听众开始分流，经济广播收听率下降，甚至有了被边缘化的危险。

当然，作为政治上层建筑的广播，其生存和发展归根结底是由社会经济基础决定的。与20世纪八九十年代相比，目前，中国经济无论是市场化的程度、经济总量，还是经济国际化的程度等，都发生了巨大的变化。特别是数以亿计的股民、基民（基金投资者）的出现，标志着中国进入了大众投资时代。尽管近几年中国股市因为种种原因，投资者难以赚到什么钱，但是毕竟炒股已经深入人们的经济生活。国有股减持、利息税变化、利率调整、国际油价的涨跌、期货、汇市行情等等，都引起普通百姓的关注。

近几年，房地产的兴盛，也给经济广播的发展提供了很多机会。尽管政府部门一再否认房地产的投资性质，但在股市不振、经济前景不明朗的大背景下，普通老百姓对房地产的投资热度一直居高不下，这种热度甚至逼得政府一再出手调控房价。在房地产价格涨跌互现、政府、地产商、消费者多方深度博弈的大背景下，如何引导消费者或投资者健康、理性购房，上为政府分忧，下为百姓解难，就成了经济广播回归“经济”的一张重要王牌。

总之，如果经济广播能果断瘦身消肿，果断砍掉与经济关联度不大的节目，重新回归经济，靠专业性和权威性为听众创造价值，为大众投资者提供及时、快捷、权威的信息服务，并辅之以必要的信息解读，这样，即便是

“小众”广播，依然可以“一招鲜，吃遍天”，拥有最忠诚的广播听众。中央电台经济之声改版后，增加了证券信息的密度和数量，2007年1～4月，北京的听众规模比上年同期增长超过五成。据央视索福瑞公司调查，2007年，山东广播经济频道进行大幅度改版后，早间的《财富早班车》，中午的《财富黄金档》《理财博士》，晚间的《金钱树》，均以理财为主打内容，在30～55岁、月收入2000元以上人群中，收听率高居第一。

因此，作为大众传媒的经济广播，应该顺应形势变化，满足听众需求，回归“经济”轨道，借机突出重围，正当其时。

（二）内容上突围：以“专”取胜，打造经济广播核心竞争力

经济广播突出重围需要打造自己的核心竞争力。所谓核心竞争力，指的是在竞争的环境中，从根本上决定并制约自身生存发展及持久竞争优势的能力。这样的竞争力具有独特性、独占性和不可模仿性。所谓广播的核心竞争力，是指广播媒体提供独特性、独占性和不可仿效性信息的能力。

对经济广播而言，以前融合新闻、音乐、娱乐等广泛内容的节目早已不具备独特性、独占性和不可仿效性的特点，上述类型的节目不仅被几乎所有的频率广泛使用，而且其他频率走得更专业、更深入。这类大路资源不仅成不了经济广播的核心竞争力，事实上已经成为经济广播背负的包袱。经济广播的核心竞争力，就是要利用其频率定位，向受众提供专业的财经、证券、地产等投资理财信息，加之精辟准确的信息解读，并力争实现这些信息的独特性、独占性和不可模仿性。

打造经济广播的核心竞争力，很重要的一点就是要提高媒体的公信力。没有公信力的媒体根本无竞争力可言。经济里面有政治，作为专业经济广播，既关乎听众的“钱袋子”，也关乎社会的安定团结，肩负着党、政府和人民喉舌的重任。在为听众提供专业信息的同时，还要坚持正确的舆论导向，引导广大投资者树立正确的理财观念，提醒他们防范市场风险。2007年上半年，股市出现过热的迹象，一些对市场风险并不了解的投资者在赚钱发财的心理下盲目入市，有的借钱贷款炒股，一旦亏损，对家庭、社会都会带

来严重的后果。在这种情况下，经济广播就应该通过节目和公益广告等方式进行适当的风险提示，并邀请股票专家作报告，开专栏，为听众答疑解惑。

（三）形式上突破：以“新”求变，增强经济广播吸引力

形式对于广播来讲十分重要，经济广播最初的崛起就源于形式。对经济广播而言，如何通过形式的创新扬长避短，是一个值得研究的课题。

随着媒体竞争的激烈，结合广播移动、快捷的传统优势，经济广播可借鉴新闻广播的成功经验，对经济资讯进行“碎片化”的播报和解读。浙江经济广播在全国率先推出“逢八播报”，在股市开盘期间的8分、18分、28分……播报股市行情。山东等很多省份的经济广播推出正点、半点股市播报，深受听众的青睐。

互动是广播最核心的竞争优势之一，也是增加听众“黏性”的重要手段。经济广播的发展也离不开互动的加入。山东经济广播《金钱树》节目推出“理财工作室”，连线理财专家和家庭主妇，结合家庭理财方案推广科学理财理念。另一档《股海冲浪》推出专家电话实时解股，把有资质的股评专家请到直播间，通过热线解答股民疑问。半个小时的时间，可接听几十个电话，取得了较好的效果。

通俗化是经济广播的必修课。与其他专业广播相比，经济广播要用大量的专业术语，晦涩难懂。如何让内行人听得不累，外行人听得有趣，是一个值得研究的课题。山东经济广播《财富早班车》推出“理财故事”和“理财博士”，通过精心编辑的一个个妙趣横生的故事，把枯燥的理财内容变成生动活泼的理财心得，深受听众喜爱。

在节目创新方面，福建经济广播的《一路向前》值得称道。该节目借鉴交通广播的模式，融股市、财经、路况、新闻、娱乐为一体，通过互动的方式，打造了一档别开生面的财经节目，人气一路看涨。此外，天津经济广播的《理财百事通》、贵州台经济广播推出《股市三人行》等，也各有高招，使经济广播的特色更加突出，对目标听众的吸引力显著增强。

另外，经济广播还可以通过体现专业特色的活动，扩大经济频道影响力。河南电台经济广播利用开办股市节目搭建的人脉资源，定期开展股市讲堂，邀请专家学者和听众代表“谈股论金”，深受听众欢迎。山东经济广播通过市场运作的模式，依托《金钱树》节目，定期举办大型理财报告会，把直播间搬到了会场，面对面与投资者交流，不仅扩大了频道和节目影响，还增加了收入。

实践证明，经济广播回归“经济”，既有人缘，也有“钱途”。山东经济广播从2007年4月起进行节目改版，大幅度削减音乐节目，撤销小说评书类节目，推出正点、半点股市快报，新开办《股海冲浪》节目，调整充实《金钱树》节目，收听率和市场份额大幅提升。由于目标听众以股民、基民、彩民为主，中高收入听众居多，实现了市场份额和广告创收的大幅增长。央视索福瑞公司的调查数据表明，与改版前的1～3月份相比，当年9月份的市场份额增加了191%，全年收入增幅在20%以上。其中，金融、汽车的广告收入同比增长了两三倍。

六、农村广播：广阔天地新蓝海

近些年，尽管城市化快速推进，人口快速向城市集中，农村呈现空心化趋势，但是中国仍是一个以农村人口为主的大国，农业、农村、农民问题，依然受到很多人的关注。另外，在农村，由于报纸杂志等媒体难以到达，天然存在一个较大的广播市场。如今，不少省级台都办起了农村广播，开辟了农村广播的新蓝海。

（一）发现农村市场价值

目前，由于经济不景气等多种原因，人们购买力下降，加之普通消费品在城市居民中早已基本普及，城镇的消费增长已趋于饱和。企业与其在城市的“红海阵营”中刺刀见红、拼命厮杀，不如把眼光转向广大的农村市场，寻求潜力十足的“蓝海阵地”。尽管农村的青壮年劳动力在加速外流，但这些人中的相当一部分终归要回归农村，农村本身的农资、建材等需求，也提供了大量难得的商机。

与城市居民相比，虽然农民收入的绝对数值依然较低，但由于近年国家实行一系列的“重农支农”政策，通过多种方式增加农民的收入，农民的消费能力也在不断增强，农村市场潜力不容小视，特别是在春节、中秋节等传统节假日，农村的消费品市场都会出现井喷式增长。近几年国家为刺激农村市场而推出的“家电下乡”“汽车下乡”等政策，也都在一定程度上促进了农村市场的繁荣。随着新农村概念的提出，以及新型农村社区建设的稳步推进，在竞争日益激烈的市场环境中，农村现已成为企业及媒介经营的“蓝海之地”，同时从深度与广度挖掘市场，农村市场的价值与利益有望实现最大化。

（二）广播在农村中的竞争优势

如今，由于农村市场点多分散，不少企业和媒介进入农村市场前都犹豫再三，三思而后行，在大举进军这片广阔天地的征程中，广播同样也是优劣势并存。

与同是电子媒体的电视相比，尽管接收效果都不太理想，但在农村，广播远没有电视那样普及，早些年在农村铺设的有线广播网络现在基本已经遭到破坏，广播在农村的普及率开始逐步下降。众多的调频及中波节目在农村地区无法清晰接收，农民很难收听，他们日常的信息来源主要依靠电视媒体，广播的日常接触率排名第三，次于电视和报纸。

当然，与电视和报纸相比，广播本身也有一定的优势：它的收听设备便宜，易于携带，可以称为农民日常劳作时的随时陪伴者，而电视则由于收听设备的限制，仅农民在家中休息时才能发挥其作用；与报纸相比，广播的受众面要宽得多，对受众的文化水平没有硬性的要求，而报纸则仅对有一定知识水平的人才能发挥其价值。这在某种程度上有利于广播在农村的普及和收听。

与城市不同，农村作为一个独特性较强的市场，广大农民针对专业的“三农”知识需要有权威性的、易于接收的媒体平台进行宣传与发布，能够满足其信息的需求以及相关的服务支持。与此同时，目前新农村建设和新型农村社区的建设也为媒体业开辟出了新的“蓝海”。作为低成本运作的媒体，广播占领农村市场，开辟针对三农的专业性电台更是水到渠成、事半功倍。

同时，面对愈演愈烈的城市市场争夺战，各广告商开始日益重视农村市场，如家电、手机、通讯电子等在城市市场已趋饱和的行业已开始向县城及农村市场渗透，开辟新的赢利空间。其品牌的宣传与塑造，目标市场的锁定，均需要借助有效的媒介渠道，而广播正可以借助自身的优势，针对农村的市场与需求，提供各类互动性强、专业性强的服务。

（三）开辟农村蓝海的策略选择

尽管农村市场为广播展示了一幅美好的“蓝”图，然而，要想在农村市场“淘到真金”，还需要广播从业者认真研究农村市场的特点，采取有针对性的措施。初步考虑，开发农村市场，首先要加强广播的覆盖与渗透，提升广播的影响力。与在城市中的类型化、专业化电台相比，广播媒体很少有专门主打农村市场的频率或节目，对农村的渗透还十分有限，同时，不少地方调频还覆盖不到，因此，在开拓农村市场之前，广播应加强其接收网络的覆盖与渗透。只有广泛接触听众，才能最大限度地提升广播电台的影响力，稳固其在农村市场的地位，更好地引领与影响农民听众。

同时，还要强化广播针对农村的服务优势。相对于其他媒体，广播制作、传播成本较低，专业化节目的运作也相对灵活。针对农村市场，广播媒体应该发挥自身优势，加强对农村及农民的相关服务的认知与理解，深入到他们的生活空间，了解他们的生活方式。在时间编排设计上找准受众的作息、休闲时间安排，了解其收听习惯，设计出不同时间档期的针对性节目；针对农民的各种信息需求，从不同方面为其提供相关服务，如种植业、养殖业等专业知识的传授与讲解、相关农业政策信息的发布、各地农产品的产销对接等，使节目最符合、最贴近农村受众的需求。

要想在农村广阔天地大有作为，广播需要强化与其他媒体乃至线下活动的合作互动。对兄弟媒体，广播应想方设法加强合作，利用不同媒体资源的整合实现优势互补、资源共享，并且可以降低成本，进行多渠道的深入宣传，最大限度地发挥广播的影响力。此外，广播媒体还应与线下活动相配合，多开展一些比如“农资大篷车”“农技下乡”等实实在在的支农、惠农活动，使空中、地面多方位互动，不但使“属于耳朵”的广播可视化，并能够为活动营造强大的宣传效应，达到双赢效果。

第二节 新媒体生态下广播新闻宣传之变

全球化趋势日益加快，使世界范围内不同文化、不同价值观的交流和竞争更加突出地摆在了人们的面前。在当前日趋激烈的科技、经济、军事等有形竞争的背后，进行着的是更加激烈的思想、文化等无形的竞争，亦即价值观领域的竞争。作为价值观的重要组成部分，新闻宣传也出现了不同于以往的巨大变化，受众不仅对新闻的时新性要求更高了，新闻报道的维度也大大拓展，报道的形式更加灵活多样。本节结合新闻宣传的这些新特点、新动向，对时政新闻、民生新闻、突发事件、政风行风等节目类型进行深入的研究探讨。

一、新时期，新挑战，新选择

首先，从国际方面看，20世纪90年代以来，随着信息技术的迅猛发展，全球化趋势日益加快，使世界范围内不同文化、不同价值观的交流和竞争更加激烈。这里的竞争既有科技、经济、军事等有形硬实力的对抗，更有政治、思想、文化等软实力的较量，也就是价值观领域的竞争。一些西方发达国家为了维护自己的利益，凭借其经济、科技和军事优势，不遗余力地对社会主义国家进行文化和思想渗透，力图把他们的价值观渗透到全球各个角落，以实现其“和平演变”、“不战而胜”的政治图谋。同时，随着世界形势的不断变化，一些西方大国极力推行“新干涉主义”和极具侵略性的价值思想，在国际政治生活中形成了较为广泛的影响，我国意识形态的各个领域受到西方文化和价值观的冲击。

其次，从国内形势看，随着改革开放的深入和社会经济的发展，我们处在一个重要的战略机遇期，同时也处在一个矛盾突显期。面对前所未有的社会转型，我国的组织结构和经济利益、社会生活方式、社会保障形式、就业岗位和就业方式等都会日益呈现多样化趋势，加上激烈的社会变动带来的各种矛盾和问题，直接作用到意识形态领域，在人们的价值取向、思维方式、道德标准以及精神消费等方面，形成一种更为错综复杂的局面。人们思想上“独立性、选择性、多变性、差异性”明显增加，以及与市场经济相伴而生的一些思想意识形态的副产品，都会增加舆论引导的复杂性和艰巨性。

再次，随着网络、手机等新媒体的加入，媒体的“生态环境”越来越丰富，媒体的“丛林”也越来越立体与多元。在这种情况下，媒体的新闻宣传也出现了不同于以往的变化：第一，对新闻的时新性要求更高了，一个新闻事件发生后，几分钟甚至几秒钟后就会出现到网络上，电视、报纸、杂志等传统媒体也在拼抢时效和独家。第二，新闻报道的维度更多了，通过新闻的深化和延展，新闻报道正在由以前简单的事实报道向大容量、全方位拓展。现在的报纸杂志越出越厚，一旦出现重要事件，可以分成多个角度、多个版面，从多个角度加以报道，网络媒体更是利用几近无限性的版面资源，通过链接和背景将新闻大大扩充。第三，报道的形式更加灵活多样。各媒体立足自身特点，报道形式花样翻新，丰富多彩。报纸、杂志玩起了“读图时代”，电视搞起了rap新闻。第四，评论逐渐成为新闻竞争的主战场。“报纸也是观点纸”，如今，新闻竞争已逐渐由独家之争转向独家观点之争。

新时期国内外形势的剧烈变动以及新闻宣传形式的变化，都对新闻媒体的政治属性提出更高要求。它对新闻工作者提出了新的要求。首先，必须增强大局意识和战略思维，通过深入调查研究，经过去粗取精、去伪存真、由此及彼、由表及里的编辑制作过程，运用系统科学方法和战略思维，深刻揭示事物发展的必然趋势和本质规律，从而增强新闻宣传的前瞻性、预见性和透视力。其次，新形势下要正确引导舆论，必须善于发现和敢于触及社会生活中的“热点”“难点”问题，善于抓住媒介与社会公众的契合点，融通新闻舆论和公众舆论，以产生共识、共鸣、共振，从而在扩大传播效果的同时，切实为人民群众释疑解惑。此外，新闻宣传的政治属性还具体体现在宣传工作的“三贴近”（贴近实际、贴近群众、贴近生活）原则上。这既符合新时期我国宣传工作的要求，也和我国构建社会主义和谐社会的目标相一致。广播新闻宣传要在“三贴近”原则指导下，增强服务意识、大局意识，在宣传报道上把好尺度，在道德、思想、价值观等领域给人民群众以正确的舆论引导，为构建社会主义和谐社会做出应有的贡献。

二、深挖时政新闻的“富矿”

时政新闻有广义和狭义之分。狭义的时政新闻主要是指领导活动和会议新闻。广义的时政新闻则是从内容方面对一类新闻所作的界定，这类新闻侧重于从政治角度，对新近发生或正在发生的、受众欲知未知而应知的事实进行报道，事关改革开放、体制变革、社会发展各领域出现的新事物、新思维，政治、经济、文化、法制建设中的新成就、新问题，都可以纳入广义时政新闻的范畴。

由于其内容的重要性和与公众的关联性，时政新闻理应担当起重大的社会责任，这是大众传媒安身立命的重要基础。然而，由于种种原因，时政新闻却呈现党、政府和媒体一头“热”、公众和受众一头“冷”的状况，不少受众对时政新闻冷漠视之，缺乏阅听热情。

时政新闻在普通受众中不受欢迎，客观上是因为这类新闻政治性强，对报道的政策性要求高，“动作”必须庄重、规范，因此受到较多制约，条条框框限制了记者创造性的发挥。长此以往，造成时政新闻有价值的信息少，套话、空话多，报道手法单一、刻板，等等，给受众留下诸多不良印象，进而形成逆反心理，避而远之。

清华大学传媒学院李良荣教授曾经发出“时政报道不突破，新闻改革难言成功”的沉重呼喊。要想打破时政新闻的定势，取得更好的传播效果，必须从报道理念、报道内容和报道方式等三个方面，大力进行改革创新。

（一）转变观念，更新理念

所有的改革都是从改变观念开始的，时政报道亦然。新时期时政报道的内容，除了党政机关及其负责人的重大活动和日常活动、政府的工作动态、外交事务、重大政治性庆典、突发性事件以外，经济、文化、社会领域中与政治有直接关系的事件、人物都可以纳入时政新报道的范围。2003年发生的“孙志刚事件”，表面上看起来是一则社会新闻或案件新闻，然而这个事件后来却成为一个事关民主和政治的一个大事件。可见，“大时政”指的不仅是扩大报道范围，更是应具备的一种眼光、一种思维方式。[19]

做好时政报道，要求编辑记者具有化抽象为具体、化枯燥为生动的能力。在采访中要注意抓鲜活的、富于意味的人物语言和细节。2004年7月下旬，北京连续遭受恶劣天气袭击，暴露出城市规划和建设中的许多问题。国务院副总理曾培炎在考察北京市政基础设施建设时，强调要总结突发灾害和应急处理的经验教训，健全城市综合防灾体系。中央电台记者用曾培炎的原话录音代替了公文式语言：“对城市基础设施建设，现在大家比较感兴趣的，主要是地上，地下的问题考虑得比较少。千万不能只看上面，也要看底下。”报道中“上面”和“底下”的对比，给听众留下了深刻印象。这种生动的语言比空洞口号更能让受众接受。

（二）组合创新，让时政报道立起来

时政新闻和其他新闻一样，都应当关注事物从无到有或已有事物变动的过程，并从中发现、发掘其新闻价值。实际工作中，有的新闻价值蕴含在其发展的过程之中，有的新闻价值存在于其结果部分，这就需要记者根据实际情况选择重点报道过程还是结果。即使在报道过程时，也绝不能平铺直叙地记流水账，而是要认真寻找某些关键性的环节和耐人寻味的细节。

在主体与背景的选取上，时政报道的题材大多缺乏事件、动态、细节与具体可感的形象，要把时政新闻写活、写生动，就必须注重背景的运用。相当一部分时政新闻的意义和价值有赖于对背景的交代、开掘。在具体实践中，主体和背景孰轻孰重并不是一成不变的。一般来说，当主干事实过于抽象，是某种精神、某个决议、某一动向时，可以将背景作为报道主体。当然，作为重点展开的背景，应当符合相应的条件：有深长意味、有感人之处、有某种冲击力。

国际上经典的时政新闻，常常以事写人，读后令人历久而难忘。国内的时政新闻在人物与事件的关系处理上，要么就事论事，见事不见人，要么是八股式的人物报道，千篇一律。其实，我国的时政新闻对领导人的表现大可以再丰满些。亲民爱民固然是一种风格，幽默诙谐、正直有力或睿智精明等个性特色，也经常体现在领导人的言谈举止之中。2004年11月，国家主席胡锦涛在出席亚太经合组织峰会时，直率地要求布什遏制台独，批评小泉参拜靖国神社，令人印象深刻。有香港媒体以《胡锦涛直率外交初露锋芒——午餐会上揶揄布什》为题，生动地叙写了胡锦涛的外交风范。

（三）创新报道方式，让时政新闻入耳、入脑、入心

抢抓时效，突显广播特色。方便快捷是广播的一大竞争优势，这要求广播从业人员要有十分强烈的时间观念，遇到重大新闻事件要第一时间抢先播出。河南电台新闻广播就充分利用分布在全天各时段的十几档新闻节目，随时关注最新发生的新闻，对省委省政府召开的重要会议，事先叮嘱跑口记者，尽可能通过连线的方式把重要内容口播出去，取得较好效果。作为一种听觉媒体，广播还要特别注意主持和录音的质量，展示声音的独特魅力，尽可能满足受众的听觉审美需求。

综合运用多种表现形式，突出“直播”特色。现在许多广播新闻节目都实现了直播。直播的优势在于播报灵活，方便快捷，现场感强，对受众有很强的吸引力。许多重大活动，受众都喜欢通过收听收看现场直播获取信息。即使受时间、场地等原因无法现场直播，广播记者在采访和写稿中也尽量多捕捉生动鲜活的细节，增加现场感，以准直播的方式采写稿件。此外，广播还要注意与网络融合，尽可能获得文字和视觉传播的新平台，拓展报道的生存空间。

通过精选角度实现报道的深度和力度。新闻报道应该追求深度，体现力度，这已经成为共识。在实际报道中，深度并不仅仅以篇幅长短为衡量标准，能否选择适当的、精巧的角度才更见功力。通过寻找好的角度实现深度，对于时政新闻的改革创新具有重要意义。在中部崛起概念刚刚达成共识的2006年，时任中央电台评论部主任的王肖晖带队到中部六省采访，面对中部六省的盛情款待，他没有迷失自己，更没有人云亦云，而是通过细致的观察和深入的思考，写出《三问中部》这样一篇评论力作。这篇评论结合中部六省的现状，接连提出“中部的优劣何在”“中部崛起的结点在哪里”“中部崛起的发动机在哪儿”三个极富真知灼见的问题。每一个问题，都直指中部崛起的核心问题，高屋建瓴，立意高远。

三、以人为本，抓好民生新闻

2002年，《南京零距离》的开播，标志着民生新闻在我国新闻史上的诞生。民生新闻以民本思想为基点，以平民视角关注普通老百姓生活。近年来，社会各界对民生问题的关注度越来越高，民生新闻也以其固有的新闻特质、庞大的受众群体，显示出特有的生命力。然而，在实际运作中，却出现了新闻的泛民生化现象，一些媒体尤其是都市媒体把低俗、色情、暴力等同于民生新闻，有些则把家长里短、邻里纠纷当成民生新闻，民生新闻成了一个筐，什么都能往里装，这是对民生新闻的曲解和误读。[20]

到底什么是民生新闻呢？民生新闻就是以人本关怀为立场，以民生的视野、民生的态度、民生的情怀来关注民众生计来源、生活质量、生存状态、生命安全、民众心态的新闻。那些低俗、色情、暴力、家长里短的琐屑小事，绝不是民生新闻。

要做好民生新闻报道，需要遵循“平民视角、民生内容、民本取向”的原则。其中重要的一环，是必须“好听”而有深度。

（一）本土化选题，平民化视角

民生新闻是带有本土化和人本色彩，为平民百姓所关注，并与日常生活、生计相关的新闻报道。民生新闻为百姓提供表达的机会，搭建一个公众信息交流的平台。从传播学意义上讲，距离的远近与人的关注度密切相关，民生新闻要想贴近百姓、贴近生活，要尽量从本地发掘选题，把关注的目光更多地投向与当地群众的生产生活息息相关的新闻事件，把触角深入到百姓的日常生活中去。

河南电视台民生频道的理念——“百姓无小事，民生大参考”，基本准确地表述了民生新闻的地位和作用。在实际工作中，记者每天碰到最多的就是百姓生活中的日常小事，面对这些看起来并无多大新闻价值但又与百姓生活息息相关的小事时，作为民生新闻工作者，不能视而不见，但也不能有闻必报。要通过百姓的视角、群众的眼光，把新闻事件的前前后后都弄清楚，才能发掘出新闻事件背后隐藏的本质。一样的事件，用不一样的观点去理解，并且把事件放到广阔的社会大舞台加以分析解剖，是对其价值的提炼和升华。

做好民生新闻报道，要做到“三化”。一是报道内容本土化。选题侧重本地新闻，百姓视角。百姓生活无小事，当然，这里说的“小事”并非家长里短、鸡毛蒜皮，而是关系到广大百姓切身利益、影响百姓生活方方面面的事情，包括社会治安、消费购物、看病、就业、上学等。二是报道手法多样化。音响报道是广播新闻中最具魅力的报道形式，丰富的音效，不仅能让人听新闻、了解新闻，而且还让听众感受新闻。如果每天的节目中多用录音新闻、录音特写、录音专访、连线报道等，就能充分发挥广播媒介的优势。三是播报风格平民化。针对民生新闻的题材和内容的丰富性，以及民生新闻稿件的特点要求，不管是节目主持人还是记者的报道，都应摒弃说教式的新闻腔，用聊天式的语言、用老百姓喜闻乐见的形式进行沟通与交流。

（二）精心谋划，深挖新闻资源

民生新闻线索最主要的来源有两个：一是记者根据掌握的线索，自己采制的民生新闻；二是多渠道采集其他媒体的民生新闻精华。总体要求是关注百姓的人情冷暖，由“诉之以事”到“动之以情”，直至“晓之以理”，从而吁求民间爱心与社会公正，进而实现“由个人的体验与感悟启发群体的思考与反省”，“由媒体关注引发大众关怀”的人文理想。切忌成为百姓琐事的堆砌，更不能包揽政府职能部门和社会服务机构的功能。

建立成熟的听众报料机制，这是广播电台民生新闻做出特色的关键所在。重视群众报料就是关注民生的直接表现，如果记者没有及时跟进报料、及时采写新闻报道，就可能令报料者失望，甚至使民生新闻节目失去民心民意。两年前，河南电台新闻广播《民生直播室》陆续接到一些群众投诉，反映全省各地低保工作中存在“人情保、关系保”的情况，节目组的编辑记者一方面出于责任感，另一方面意识到这些线索中间蕴藏的新闻价值，对此事进行深入的调查采访，并写成内参呈报省委省政府，产生了积极的社会效果，并且稿件还获得了该年度河南省新闻奖一等奖。

现在是一个信息共享的时代，面对庞大繁杂的资讯，在自身人力有限的情况下，密切关注其他传媒并借他人之力获得较多民生新闻，“采撷传媒精华”为我所用，是以有限之力达到最大成效的重要途径。问题的关键在于，如何选取、编发来自其他媒体的民生新闻为我所用呢？如果在编发民生新闻后，使用连线评论员的方式或者配发本台评论，对新闻主题进行深度阐释和挖掘，上升到对同类现象的规律性把握和剖析，传播效果能够倍增，因为让人记住这条民生新闻的原因，是它有自己的思想。

此外，民生新闻报道要求记者本着平视、平和的态度报道事实，充分发挥声音的魅力，通过生活化的语言，灵活运用故事化、情景化、悬念化等叙述方式，用自然生动的叙述让听众如身临其境，也是一种较为理想的报道方式。

（三）从“小民生”到“大民生”，开辟民生新闻新视野

民生新闻栏目既要关注百姓衣食住行、邻里纠纷等“小民生”，更应关注百姓求医问药、求职就业、教育公平、社会保障等“大民生”，以提升民生新闻的品位和厚度，真正为百姓提供实用而有价值的信息服务。

教育是关系到国计民生的重大问题，也是民生新闻中一个非常重要的组成部分。除了高考、中招、开学、毕业等传统热点，媒体还应该从“促进教育机会均等”等相关政策中挖掘丰富的新闻资源。其中，逆向思维非常重要。《南方周末》依托一所名牌大学中农村生源比例越来越小的统计数据，发出了“穷孩子的春天在哪里”的呼喊。2012年高考季，湖南经济电视台《钟山说事》栏目，针对河南、湖北、四川等地考生上北大的机会是北京的

几十到一百多分之一的触目惊心的现实，发出了振聋发聩的《高考天问》，这个长度只有十几分钟的短片经微博转载后，短短几天就实现上千万次的点播量，转载、评论达15万条。

就业问题一直是社会各界关注的焦点，它涉及人民群众的切身利益，关系到和谐社会的构建。媒体一方面要报道好党和政府实施的“积极的就业政策”，实现上情下达；另一方面，记者要放低身份，真正走进这些失业群体，体验他们的生活，了解他们的真实需求。每年高校毕业季，到处充斥着“招聘会火爆”的新闻，但“工作难找”“学历贬值”等负面新闻，无形中给毕业生们制造了很大的心理负担。媒体在直面就业难的同时，应该多报道一些知识性和服务性信息，营造积极向上的舆论环境，帮助初出校园的毕业生形成健康正确的求职观念，帮助他们进行合理的人生职业规划。

对于“逐步缩小收入分配的差距”“建立覆盖城乡的社会保障体系”等事关国计民生的重大课题，媒体更要站在大民生的角度，正视问题和现实。一方面充分报道国家出台的相关政策，让政策的阳光普照到社会的每一个角落，防止出现政策棚架现象；另一方面，媒体在社会转型时期必须要有强烈的责任意识、社会意识，在“逐步缩小收入分配的差距”中发挥作用，化解社会矛盾，促进社会公平，关注大多数人，正确地反映群众的呼声，表达民意。对于政策执行过程中的各种猫腻和丑恶现象，媒体要充分发挥舆论监督职能，促进各项政策走上民生的正常轨道。

（四）注重互动和反馈，促进民生新闻良性发展

互动性与参与性，是民生节目获得听众好评、取得成功的重要因素。实践中可通过热线电话、手机短信、网络留言等多种渠道，在一定程度上实现普通民众的话语权，促进听众参与的积极性，形成良性循环。例如广东人民广播电台的《民声热线》，每次节目设置半小时的“民生评弹”环节，由节目组设定一个供听众讨论的民生新闻，不断预热，由专家或评论员“抛砖引玉”，并穿插听众的短信和电话。热烈而理性的互动，使得新闻获得强大的民众支撑。

互动，不仅在节目内，还应在节目外。听众对节目形式、内容、包装、效果的反馈非常重要，建立常态的与听众沟通的民生新闻节目反馈机制，对提升节目品质举足轻重。节目是为受众而做的，因此，定期听取受众意见和建议，在坚持正确舆论导向的前提下，根据受众的需求主动调整，能使节目在贴近性、打造品牌和提升听众忠诚度方面获得长足发展。

四、广播媒体如何面对突发事件

突发事件是指突然发生，造成或者可能造成严重社会危害，需要采取应急措施予以应对的自然灾害、事故灾难、公共卫生事件和社会安全事件。由于突发事件的特殊性，媒体在对突发事件进行报道时，能否充分发挥其功能，对提高媒体应急报道质量起着至关重要的作用。相对于报纸杂志等平面媒体，广播以其方便快捷、覆盖面广的特点，在突发事件报道中具有特殊的优势。2007年四川汶川大地震发生后，由于电力设施损毁，电视、网络、手机信号中断，收音机就成了灾区多数地方了解外界信息的重要途径。当年，国家广电总局和社会各界向受灾群众捐献了几十万台收音机，中央军委还为参加抗震救灾的官兵配发了17万台收音机，用以及时地把各种信息传播给高度分散的救灾部队。

（一）迅速报道，满足社会各界的知情需求

每当突发事件尤其是灾害事故发生时，受众的认知平衡被打破，出现强烈的信息饥渴，公众希望最大限度地获得准确、及时的信息以便做出正确决策和行动。此时，第一时间的信息传递就显得至关重要。它不仅能满足受众的知情需要，更能防止谣言和受众恐慌情绪的产生，维护社会正常秩序。“汶川大地震”发生后，除了网络和手机外，不少广播媒体也在第一时间做出了反应。成都交通文艺广播和四川人民广播电台都抢在第一时间对地震信息进行了公开报道，中央人民广播电台也及时中断了正常播出的节目，24小时直播报道大地震实况，介绍当地灾情、死亡人数、地震局的权威信息、政府采取的救援措施等，节目组还邀请相关专家进行直播讲解，及时报道各方

反应以及地震发生时的应急办法等。在当时信息渠道不通畅的情况下，电台的直播成了当地干部群众了解灾情的重要渠道。

（二）正确引导舆论，消除社会恐慌

在突发事件的危机下，恐慌心理扰乱了正常的社会心理，公众容易形成集体无意识，甚至失去社会责任感和自控力。因此，广播媒体应及时搜集、表达公众的意见和需求，使公众的声音能够进入政府的决策议程，同时宣传、解释政府的行动，采取有效的传播技巧和手段，进一步影响公众的思维和情感，及时疏导公众的理性，正确引导公众理解和支持政府的行动，努力营造有利于化解突发事件的舆论氛围。

2009年，信阳部分地区发生洪水。灾情发生后，由于洪水造成的损坏非常严重，交通中断，缺衣少食，一定程度上造成了百姓心理紧张，不少百姓举家外出，户外过夜等。热线编辑在节目中接听到一些群众的过激电话，在一线采访中一些群众有过激反应，一些不和谐的声音也随之而来。河南广播人本着对党对人民高度负责的精神，利用广播，及时宣传各级党委、政府采取紧急措施全力以赴抗洪抢险的紧急行动；宣传各级党委和政府领导深入灾区走访慰问，为灾区群众及时解决困难；宣传当地干部群众发扬一方有难、八方支援的奉献精神；宣传灾区群众克服困难开展抗灾自救的坚强意志。以稳定广大灾区群众的情绪，使整个抗洪抢险工作有条不紊地进行。

（三）传播知识，提高公众抵御灾害的能力

公众有关灾害的科学知识越丰富，抵御灾害的能力就越强。新闻媒体适时传播科学知识，不仅能够改善公众的知识结构，提高公众抵御突发事件破坏性的能力，而且还能破除恐惧心理，起到稳定人心的作用。

四川汶川大地震发生后，各级广播媒体在重要栏目中及时发布信息，宣传介绍防震减灾及灾后自救的常识，邀请地震、防疫、卫生等有关专家学者做客电台直播间，通过电话连线为灾区群众解惑释难，普及减灾常识。这些知识简单适用，通俗易懂，受到了百姓的欢迎，提高了公众抵御自然灾害的能力。

（四）电波传情，搭建社会救助的信息平台

除了政府救助之外，社会救助也是应急系统中最直接有效的力量之一。在突发事件中，媒介系统是社会资源的辐射中心和整合中心，特别是广播，通过信息的传递和舆论的引导，较易形成社会救助的氛围，成为有效的社会救助平台。

2008年，我国南方遭受百年不遇的冰冻雨雪灾害，中央人民广播电台中国之声及时跟进，精心制作了《风雪同行，爱心守望》的专题节目，利用电波随时记录灾害的最新发展，力图搭建社会救助的信息平台。在雪灾最困难的时期，湖南郴州全城停电，一辆天然气运输车因雪灾堵在路上，燃气罐压力持续上升，随时会遭遇危险。他们从收音机里得知灾害的严重程度，便及时采取措施，通过发送手机短信给中央电台《风雪同行，爱心守望》的编辑记者互动，然后电台再请教专家解决问题的方法，及时发布消息，引起公安部门的重视，最后由当地交警帮助解决了问题。在节目中，编辑部还与红十字会等救灾机构联合，呼吁社会各界捐款捐物，帮助灾民渡过这百年不遇的雪灾。

（五）化危为机，提高采编队伍的应变能力

多数突发事件，对整个社会都无疑是一场危机。然而，对广播媒体而言，要想尽千方百计，化突发事件之危为扩大媒体影响力之机，对广播新闻记者、主持人来说，能否及时、准确、生动地做好突发事件的现场报道也是检验和衡量其业务水平和应变能力等综合素质的重要标准。

四川汶川大地震发生后，地处内陆的河南人民广播电台除了捐款捐物，还先后派出30多人的采访队伍，分五批到灾区传递信息，报道灾情。第一批队伍到达时，大地震刚刚过去三天，当地还余震不断，水、电供应中断，不仅人身安全受到威胁，历尽千辛万苦采制的报道，发回台里还非常困难。前方记者不顾个人安危，克服一切困难，深入灾区一线，采访出多篇生动鲜活的报道。据统计，在那年的抗震救灾报道中，外派记者共下灾区一线采访达330多人次，发回现场连线报道共150次，采制录音报道100篇以上，还在中央电台发稿20篇以上。这些采编播人员在抗震救灾中经受了考验，得到了锻

炼，队伍素质得以提高，为做好突发事件宣传报道工作打下了坚实基础。

五、政务新思维，民生新桥梁

整合媒体和政府资源开办的“政风行风热线”节目，成了全国广播界一道独特的风景。如今，全国31个省、市、自治区和93%以上的地市级电台相继开办了类似的节目。比较有名的有河南电台的《政府在线》，河北电台的《阳光热线》，郑州台的《百姓阳光热线》，在省会市场比较有影响力。这里以河北电台《阳光热线》为蓝本，探讨一下这类节目的运作模式与创新。

河北台《阳光热线》2002年6月开播，节目由河北省民主评议办公室与河北电台联合创办，节目定位是“增强执政能力，构建和谐社会，优化发展环境，架设沟通桥梁”。参加民主评议的省直54个部门，每天由一名厅局主要领导带领几位处长轮流到直播间做客，现场接听听众的电话，解答政策咨询，受理听众投诉。节目开办十年来，先后解决群众反映的实际问题9700多个，处理相关资金及退还不合理收费达2亿多元，问题解决率和群众满意率都在98%以上。

《阳光热线》的基本经验和做法表现在以下几个方面。

（一）坚持思路创新，扩大节目影响力

创新舆论监督模式。传统的舆论监督经常遇到获取线索难、采访取证难、抵挡说情难、预防刁难、播发报道难等问题。《阳光热线》则把舆论监督与群众监督、行政监督、法律监督集于一身，形成很大的监督合力。首先，《阳光热线》以直播形式进行舆论监督，让被监督对象没有回旋余地，在很大程度上解决了一直困扰舆论监督的“说情风”。其次，《阳光热线》由媒体与政府行政主管部门联手合作，直播过程中，省直各部门领导在节目中直接发布政令、部署任务、提出要求，进一步增加了执政的透明度，加大了社会公众的监督力度。

创新互动模式，增强监督效果。多种多样的即时互动是《阳光热线》的突出特点之一，每次播出都形成了几个不同层面的互动：主持人、嘉宾和听

众相互沟通交流的互动；省直部门领导做客直播间，整个行业系统同步收听的互动；省直主管部门直接下基层督办和各地下属单位即时解决当地问题的互动；政府部门解决处理问题和记者跟踪采访推动的互动；记者当天采访、第一时间播出的迅速及时和听众期盼问题得到快速解决急迫心理的互动；媒体监督和行政执法监督、群众监督的互动。这些纵向深入、横向拓展的全方位立体交叉互动，既充分发挥了广播媒体的互动优势，又大大增强了舆论监督的效果。《阳光热线》基本上做到了播出和收听同步，甚至是收听和解决问题同步。《阳光热线》记者当天全程跟踪节目中受理投诉的重点问题，第二天早晨就可以在子栏目《热线追踪》中定时播出。各省直部门都向本系统十一个市和各县进行行政部署，要求全系统干部职工组织收听，问题涉及哪个市县，哪个市县必须立即行动，马上查处，当天向省电台反馈。问题快速解决，报道最快推出，大大提升了广播的影响力和参与部门的社会美誉度。

延伸了广播的媒体功能。现在全国已有30多个省级电台开办了“政风行风热线”类节目，这类节目已不再局限于“喉舌”功能和“舆论工具”，而是成为党委政府通过广播媒体公开施政的重要载体和平台，成为公认的名副其实的“施政工具”。媒体运作和政府施政的有机结合，使广播超越了原来对媒体自身作用的传统定论，进一步延伸了广播媒体的功能，丰富了广播媒体的内涵。

（二）坚持内容和形式创新，让节目始终保持生机和活力

信息爆炸，内容称王。节目能不能吸引听众，关键是内容能不能适应、引领听众的需求。《阳光热线》始终把“以人为本”作为调整节目内容的出发点和最终落脚点，想听众之所想，急听众之所急，在服务听众中引导听众。《阳光热线》依托全省评议政风、行风工作，根据社会和广大听众不断变化的需要，适时而动，拓展领域，逐步增加了介绍政策法律法规、宣传相关业务知识、为弱势群体提供帮助等服务性很强的内容，节目内涵更加丰富。同时，还围绕着《阳光热线》开办了一系列子栏目，例如：热线直播中有些问题不便于展开，就适时开办了《阳光论坛》子栏

目，让有关领导和专家就听众反映较为集中的热点话题与听众充分展开讨论，讲深讲透；针对热线比较多、大部分听众不容易打进电话的情况，他们拓宽信息渠道，开通了短信平台，通过《阳光短信》子栏目，把听众发来的短信整理后再找相关部门集中解答；针对各厅局解决一些重点问题的进展情况又及时开办了《阳光跟踪》《阳光追踪》《阳光反馈》《阳光回访》等子栏目。这些系列子栏目从不同方面对《阳光热线》的内容进行延伸、补充和深化，使《阳光热线》的内容更加丰富，形成了节目的“规模”效应和“集群”效应。

《阳光热线》还不断改进节目形式，拓展节目发展空间。一是从传统的固定直播间直播逐步转向直播间与户外移动直播相结合的形式。把直播车开到广场、公园、社区，实现了厅局领导和听众真正意义上的“面对面”沟通，充分彰显了广播的互动优势。二是针对教育乱收费、治理公路三乱等群众反应强烈但涉及面广而不易解决的问题，邀请有关多个部门共同参与，听众反映的问题涉及哪个部门，哪个部门领导就当场拍板，避免了推诿扯皮，产生“1+1>2”的效果。此外，他们还以《阳光热线》为龙头，与省内各市县台联手，实现省台与市级电台类似节目的联动直播，省市县三级联动，进而形成全省广播和全省民主评议工作的大互动。

（三）实施品牌带动战略，提升核心竞争力

面对激烈的市场竞争，媒体早已进入品牌运营的时代。要想使一个品牌长盛不衰、始终保持旺盛的生命力，必须不断开阔思路、敢于创新，大胆探索，从受众市场需求的角度建设品牌、维护并强化品牌；必须不断改进节目、延伸拓展，有效提升节目的社会影响力。《阳光热线》通过积极组织多种形式的社会活动，不仅在社会上树立了富有朝气和活力的品牌形象，还增加了节目的“黏性”，增强了听众的忠诚度。电台在国家工商总局成功注册了“阳光热线”商标，为节目进一步市场化运作和品牌化经营奠定了基础。在节目运作中，采取了与市县台合作，省、市、县、乡四级媒体联动等方式，在全省广播界形成规模和系统。同时，广泛借助各种媒体强化自我推

介，与电视、报纸、网络等媒体进行广泛合作，发挥不同类型媒体的综合作用，力求社会效果的最大化。

六、新闻立台，评论强台

随着媒介的增多和传播方式的多元化，媒体的竞争正从独家报道之争转向独家评论之争。在独家越来越难以实现的情况下，谁能及时对新闻进行独特、深入的解读，谁就能占领新闻竞争的制高点。办好广播电视新闻评论类节目，编辑记者要具备高度的敏感，投入炽热的情感，最终让评论具有立起来、活起来的质感。

（一）提高新闻敏感，打牢评论基石

新闻敏感是一名新闻从业人员应该具备的基本素质，它包括敏锐的发现和思维能力，以及较强的综合判断能力。要从围绕在周围的海量信息中筛选出关注度高、时效性强、有说头、有嚼头的新闻，敏锐的嗅觉是第一位的。

要做到对新闻的敏感，编辑记者必须具备一些基本能力：第一，对国计民生、社会影响的预见能力。交通拥堵、油价上涨、医疗改革、教育不公……对这些关系国计民生的热点问题具有较强预见性和前瞻性，是新闻敏感的前提。第二，见微知著的新闻角度抢抓能力。“春江水暖鸭先知”，编辑记者一定要从纷繁复杂的表象中梳理、发现新生事物和新苗头，观人之未观，言人所未言。第三，迅速推断社会反响的洞察能力。要想方设法拓展节目的社会影响。此外，还要有对新闻事实的多角度判断能力。

具体来说，编辑记者该怎样培养和提高自己的新闻敏感呢？除了用心观察、认真思考外，还应当做到如下几点：

1. 具备强烈的责任意识和勇于担当的精神

“铁肩担道义，妙手著文章”，家国天下的责任意识和忧国忧民的赤子情怀，是做好新闻评论工作的前提和基础。2011年7月，郑州一处拆迁安置房建设中，出现墙体用手一砸一个洞的丑闻，在全国大力开展保障房建设的背

景下，这一新闻备受关注。有的新闻工作者敏锐地捕捉到这一信息，迅速跟进，深入采访，最终创作出《别让“问题砖”成为“问题人”的替罪羊》这样观点鲜明、立意深刻的报道，并获得河南省新闻奖一等奖。

2. 以人为本，培养受众意识

一个优秀的编辑记者必须要有人本意识，心系民众，关心群众疾苦，只有这样，作品才能真正深入人心。近年来，私人信息被泄漏甚至出卖的事件屡屡发生，让不少群众苦不堪言。编辑记者从受众的角度考虑问题，通过深入采访，精心采制成录音述评《谁动了我的个人信息》，作品凭借强烈的人本意识获得河南省新闻奖。

3. 迅速反应，从突发事件中发掘好素材

突发事件社会关注度高，猛料多，要善于从中挖掘评论素材。2010年冬，郑州市自来水管五天中发生了两次爆管，两百万市民没水喝。记者没有把它作为一个孤立的突发事件来报道，而是深入挖掘背后的新闻，最终发出《爆裂的不仅是水管》这样的质疑，大大提升了评论的深度和张力。

“台上一分钟，台下十年功”，新闻敏感的培养是一个持续积累的过程，绝不是一朝一夕之功，它要求新闻记者勤学好问、多看善思，在日积月累的学习和实践中不断总结提高。

（二）情感，触动人心的决定性力量

报纸杂志的评论以理论和深度见长，而广播电视由于线性传播的特性，具有“短、浅、软”的突出特点，即短小精悍，浅显明快，硬话软说。简单的东西要做到入耳、入脑、入心，除了独特的角度和立意外，情感就成了为数不多的“杀手锏”。以声留人、以情动人，是广播电视评论成功的王道。

新闻评论要做到以情动人，首先要求从业人员热爱新闻工作。真正有冲击力的评论，不是演绎出来的，更不是信口开河的脱口秀。只有发自内心的热爱，才能让编辑记者保持丰沛的情感。而情感，正是开启新闻评论的情感密码。

以情动人，还要求新闻从业人员具备强烈的忧患意识和人文关怀。仅靠

走马观花、浮光掠影，是不可能创作出好评论的。2010年发生在郑州的开胸验肺事件举国震惊。这一事件不仅是张海超一个人的悲剧，更体现出制度的冷漠，人文关怀的缺失。在采制这期选题时，编辑记者重点突出对体制的忧患和对弱势群体的关怀，创作出《开胸验肺拷问制度之殇》这样有分量、有深度的报道，赢得较大反响。

培养对新闻事件的情感，要多深入基层，深入一线，与新闻事件和当事人亲密接触。单纯坐在办公室，随意抓几条大事小情，说些不痛不痒、无关宏旨的空泛议论，不仅难以打动听众，甚至连自己都打动不了。当前全国新闻战线正在推行“走、转、改”，新闻工作者要真正深入一线，深入基层，发掘、采写出更多、更好的新闻。

情感，还体现在与受众的真诚互动。河南电台新闻广播午间新闻节目《新闻657》每天留出20分钟时间，由主持人、热线听众和在线嘉宾就某一新闻热点发表评论，真诚互动。互动效果不仅与话题密切相关，主持人的状态也是互动成败的关键。如果主持人很快进入角色，投入十足的情感，不仅点评起来妙语如珠，也能激发和点燃互动对象的热情，交流互动热烈，热线电话多到发烫，反之则可能节目冷落电话稀少。

（三）质感，塑造品牌的底气与底蕴

质感是指一件事物和商品的材质，外观上的美学设计以及展现出来的精致度。质感，是品牌的底气和底蕴所在。

新闻评论的质感，首先在一个“质”字，作品或栏目的质地、内涵，要有超越庸常的品质。其次，整体上的精致美观，具体表现在语言的生动清丽，各部分比例和谐，设置精当。古人写文章，追求“文质彬彬”。文是文采，质是内容，文质相谐才是好文章。有“质感”的评论，就应该是“文质彬彬”的。另外，优秀的作品还要经得起推敲，经得起时间的检验。

要提升新闻评论的质感，打造品牌节目，应从以下几方面入手：

1. 角度要独特

新闻重在一个“新”字，作为对新闻重新审视和思考的评论，要切实成

为新闻的深化和延伸，成为新闻事实之外的又一个兴奋点。辽宁电台知名评论节目《新闻麻辣烫》，风格“麻辣”，选题上坚持“第一思维否定法”。对一个热点问题大家本能的第一想法、第一思维，要先否定掉，而要用第二思维、另类的方式去思考、去解读，从而使节目保持持久的活力。

2. 主持要个性

广播电视新闻评论最终效果如何，很大程度上取决于主持人的评论能力和个性化表达。能否培养、发掘与栏目特色和定位相适应的个性化主持人，是广播电视新闻评论类节目成败的关键。央视《新闻1+1》的白岩松，凤凰卫视《锵锵三人行》中的窦文涛，北京电视台《第七日》原主持人元元，都以其鲜明的特色成了节目的旗帜和灵魂。浙江卫视钱江频道节目《九点半》主持人钟山，点评起新闻来热血沸腾，言语犀利，甚至不惜拍案而起，人称“荧屏怒汉”。主持人鲜明的特色，与节目相得益彰，实现了叠加效应，增强了传播效果。

3. 观点要立体，要富有层次感，而不是单一、片面的

这不仅要求主持人有自己的观点，更要借外脑，用外力，尽量避免一个人的武断和偏颇。不少广电媒体都在打造和建立自己的优秀评论员队伍。中国之声就建立起了以马光远、曹景行为代表的评论员队伍，他们精准的点评、独特的视角为节目增色不少。河南电台《657新闻眼》还创造性地从热心听众中“海选”了一批百姓观察员，在评论中引入平民百姓的智慧，既能丰富节目的观点，又真正贴近了受众，效果良好。

此外，形式要新颖，要敢于打破常规，推陈出新。山东电台的《热点评说》，打破新闻节目常规制作原则，在评论一些时事、经济、文化主题时，尝试将电影或小品的经典对白、歌曲等用作插曲和片花，与评论主题相映成趣，有别开生面、画龙点睛的效果。辽宁卫视的《说天下》甚至成了脱口秀，主持人的语言风格被不少网友调侃，非常活泼，增强了节目的影响力和表现力。[21]

第三节 生活服务类节目的创新与发展

从节目类型角度看，与电视收视市场中电视剧、新闻时事和综艺节目的三驾马车的格局不同，广播收听市场主要是新闻时事、生活服务、音乐和文艺类节目四轮驱动。

生活服务类节目在广播节目中始终占有相当的比重。随着受众对媒体需求的不断攀升，这类节目所占的比重越来越大，地位越来越高。因为它不但能帮助受众解决实际问题，提供具体服务，影响受众的日常生活、身心健康、思想工作等各个方面，而且更能拉近受众与媒体间的距离，形成很好的亲和力和凝聚力。

目前，围绕百姓生活的供求停息、求学就业、休闲消费、汽车房产、投资理财、寻医问药等设立的广播服务类节目，不仅成为广播频率经营创收的重要平台，也是各地电台以本地化策略争夺受众和市场的一张王牌。能否真正为受众提供实用的信息和周到、贴心的服务，是服务类节目成功的密码。湖南电台热线直播节目《帮帮您热线》是整合全台7个频率的合力，重拳打造的热线服务品牌。

一、综合信息服务类节目

信息时代的到来，人们在工作、生活中有越来越多的信息需求。同时，普通百姓也经常会面对各种问题与困惑，这就产生了大量答疑解惑或倾诉的需求。基于能通过热线电话直播互动的优势和特点，各地电台开办了大量咨询投诉等信息服务类节目。下面以湖南电台《帮帮您热线》为例，探究办好综合信息服务类节目的成功密码。

（一）打通节目通道，全频率联办

《帮帮您热线》利用电信的电话导航系统，在湖南台7个频率中统一呼号、统一电话号码、统一播出时间，具体播出时间为上午10：30～11：00。这样做一方面是广播功能性需要，7个频道联动、统一播出，有利于实现整合资源，切实为听众提供实际帮助；另一方面是营销需要，单一频率影响有限，全台7个频率在同一时段做同一个热线节目，影响力大，涉及面广，品牌效益强。

在广告资源开发上，湖南台的理念也是这样，《帮帮您热线》在该时段占有整个湖南广播收听市场的70%，便于在冠名和广告方面提升价格。

（二）服务指向明确，节目特点突出

第一，多维度沟通，全方位服务。全台7个频率共同打造的《帮帮您热线》涉及民生问题、二手家电、汽车、摩托车转让信息查询；路况、交通违法违规信息查询；交通、证券、保险、银行理财信息查询；酒吧、歌厅、电影消费信息查询；劳动用工、信息查询；音乐演出、KTV消费、唱片发行信息查询；旅游景点、路线、旅行社信息查询；等等。包括了百姓生活的方方面面，能及时为百姓在实际生活中遇到的问题提供咨询解答服务。

第二，分众化服务，针对性强。虽然《帮帮您热线》节目涉及范围非常广，但在运作中并非“大而全”，专业频率节目并不因此而降低服务的专业性。节目通过电话导航将业务进行分流，虽然7个台在同一个时间直播的节目都是《帮帮您热线》，但是节目内容并不一样，每个频率所接受的咨询都是经过语音导航系统分流过的问题。当听众有问题需要咨询而拨打热线时，语音导航系统会给出提示，比如：二手家电、投资市场查询，请按1，此时电话会自动切到经济广播节目中；路况、交通违法违规信息查询，请按2，此时电话会切入交通广播节目中……其他各频率均对应不同的咨询。因此每个频率在此时播出的都是同一个节目，但是听众听到是不同内容的节目，有效地提高了该节目的针对性，避免了资源的浪费。

第三，定位准确，操作性强。《帮帮您热线》服务的内容只涉及百姓日常生活中的一些咨询和其他服务信息，不涉及、不接受投诉的问题。这从侧面保证了节目的专业性，既给百姓提供服务又不会陷入太多的问题纷争中去。

第四，应变能力强。虽然该节目有固定的播出时间，遇到突发情况时，

《帮帮您热线》可随时打通7个频率，形成全台统一的大平台。比如，在某天晚上，有一对夫妇带孩子到长沙看病，不慎将看病所用的两万多元钱遗落在出租车上，当时他们很无助地给电台打电话，电台随即启动《帮帮您热线》特别节目，在节目中呼吁大家提供线索，并呼吁大家对这对夫妇提供帮助，当晚就有很多人赶到医院给他们捐款，使患儿得到了及时的救助。

第五，品牌力量凸显。《帮帮您热线》这种全台统一播出的模式在收听率和关注度上取得巨大成功的同时，品牌力量也不断凸显，吸引了众多知名品牌争相为节目冠名。节目取得百姓信赖的同时，也给广播传媒中心带来了可观的经济效益。

总体而言，《帮帮您热线》节目是一档信息供求类服务节目，之所以取得了不错的社会效果，各频率在信息库的建立和更新上都下了很大的工夫。同时，主持人的素质和专业知识也经历了长期的积累和历练，工作起来就得心应手，顺手拈来。

从湖南台《帮帮您热线》的成功经验来看，要想办好生活服务类节目，至少要做到以下几点：

第一，节目定位专业化，找准需求人群。要通过深入的市场调查，对本地区的各类频率、受众群体、文化背景、市场环境等进行全面、系统的分析，对受众需求进行认真的梳理研究，进而瞄准特定人群展开有针对性的服务，是服务类节目生存的第一要务。第二，节目内容要公益化，尽量淡化节目的功利性，赢得公信力。为了提升媒体形象，服务类节目应打出社会公益的鲜明旗帜，以强化内容生产、增强节目影响力为着力点，坚决摒弃言过其实的虚假宣传，淡化功利性，以专业化内容留住听众，以公益化服务凝聚人心。此外，还要依托工商、医疗卫生等专业机构，有目的地组织公益性的宣传咨询活动，为受众提供一个与专业机构和专家经常面对面交流的平台，以扩大节目影响力，提升听众的忠诚度。

二、交通（汽车）信息服务类节目

汽车时代的到来给广播带来了更大的发展空间和传播价值，广播也提供了更多更适合的节目满足有车一族的需求。交通信息服务成了广播节目的一个重要类型，更是交通广播取得成功的一大法宝。除了第一时间将突发的交通信息传达给听众外，许多交通频率都围绕交通信息这一主线，结合轻松幽默的话题和互动内容形成大时段的板块，节目的伴随性、欢乐感与现场感能够极大地缓解城市交通拥堵带来的焦虑情绪。最具代表性的就是北京交通广播的《一路畅通》，这档节目是北京地区听众收听量最大的生活服务类节目，播出时间在早晚交通高峰时段的07：30～09：30和17：00～19：00，成了该频率收听的两个高峰点，广告创收更是执全国广播频率之牛耳。

信息服务有多向性的，有单向性的，也有多向性和单向性相统一的。如铁路票务信息的发布，可以让许多交通参与者了解票务情况，是多向服务。而不少交通广播开办的《交通热线》节目，热线咨询中的出行线路、天气状况、供求交通信息、交通事故报料等个人咨询内容，就是一对一的单向性服务。杭州交通台在《91.8交通热线》节目中开设的“交警大队长热线访谈”，交警大队长与节目主持人一起通过访谈、群众热线、解答群众短信问题等形式，进行杭州市道路交通安全管理工作的交流和探讨，答疑解惑，问计于民，实现了单向性和多向性的有机统一，节目信息量大，实用性强，得到了群众和驾驶人的广泛参与和高度肯定。

信息服务还要求交通广播以动态、及时的服务理念服务听众。广播即时传播的特性决定了交通信息服务节目强调动态及时性，可以随时插播突发性交通事故、道路施工等情况，让听众随时都有新鲜的感觉。节目都以板块为主，确保信息的随时穿插，又兼顾信息和节目的融合。有些专业交通台还开设移动通信的短信平台，通过平台进行交通违章信息的咨询，车辆年检通知的定制，以及汽车交易、保养维修信息的查询等，服务于司机。

除了提供路况信息外，交通广播还利用自己的专业优势，将阵地向汽车信息类节目延伸。对于有车一族来说，日常使用过程中都会产生保养、维修等多方面的问题。北京交通广播《汽车天下》，河南交通广播《南方谈交通》，深圳交通广播《爱车有道》等节目就满足了听众这方面的需求。听众可以在节目中收听汽车维修专家讲解相关的知识，分析常见的汽车故障成因等内容，更加深入了解汽车方面的知识，保证爱车在日常使用过程中更好地为自己服务。

三、情感热线类节目

广播情感热线类节目可以与主持人直播沟通，并且参与方便，内容贴近百姓生活，因此在各地都有相当大的收听市场。黑龙江人民广播电台的《叶文有话要说》，吉林人民广播电台的《晓声长谈》，河南人民广播电台的《陈思的放空》，在当地都有不少忠实的听从。从调查公司提供的数据看，收听广播的人群中，大约40%的人固定收听此类节目。

以前，情感夜话节目走的大都是温情路线，主持人就像一位知心大姐或知心大哥，对热线听众的倾诉耐心倾听，用温言软语排解他（她）们的情绪，抚平他（她）们的伤口。随着时间的推移，这类节目要么隔靴搔痒，简单肤浅，要么流于煽情有余、内涵不足。黑龙江台的《叶文有话要说》，走出一条婚恋导师加裁判的新路子。对许多热心听众来说，婚恋问题本来就“剪不断，理还乱”，纠结在一些小情小调中撕扯不清，叶文一改传统的知心大姐形象，回答听众问题时立场鲜明、爱憎分明，主持风格犀利，语言凶狠，绝不拖泥带水，给人一种侠肝义胆、仗义执言的大姐大形象，这种犀利的风格，虽说有时候被指责为粗暴武断、见识刻毒，却也能给一些执迷不悟者当头棒喝，帮助他们逃离苦海。另外，从听觉效果上来说，这类节目语言辛辣犀利，听起来十分过瘾。《叶文有话要说》开播以来人气持续走高，其收听率雄踞黑龙江电台之首。[22]

河南人民广播电台晚间情感谈话节目《陈思的夜空》，则走出了一条内涵型发展新路子，他们通过培育打造专家型主持人，提升节目品味，拓展服务品牌，满足听众的深层次需求，取得较好效果。

情感节目的好坏，关键在于主持人，经过近20年的发展，情感热线的听众已不再满足于当初的好奇和简单的倾诉，而是希望在解决问题的同时，获取新的理念和知识，从而不断成长。如果节目依然停留在就婚姻说婚姻，就爱情说爱情，满足于对不对、能不能的简单回答层面上，情感节目就难免陷入简单重复的死胡同，就摆脱不了空洞、肤浅甚至粗俗的境况，就不能提升节目的品位和质量，也就满足不了当今听众对节目的深层次需求。为在更高层次上驾驭节目，主持人陈思通过不断更新知识，广泛吸纳社会、经济、文化等方面的新思想、新成果，把家庭问题和社会问题放到国家改革开放的大背景下去探讨，不仅更好地为听众解疑释惑，还改变了很多人固有的错误观念，体现了更浓厚的人文关怀。

为了推陈出新办好节目，《陈思的夜空》首先以心理咨询为依托，关注更深层次的人性。情感类节目听众现实中遇到的情感的痛苦、人际关系的困惑、事业遭遇的挫折，都可以在心理层面上找到答案。主持人陈思把心理咨询引入节目，从更深层次上排解了听众的困惑，并提高了听众的心理健康。这个节目还以法律援助为保障，维护听众合法权益。情感问题的出现，不仅有心理层面的问题，还有法律层面的问题。比如，婚姻中过错方的认定及惩处，同居问题的处理，财产的分割，法律援助的标准，等等，都需要有一定法律知识才能正确解答。每次碰到这类问题，陈思都运用法律知识和案例，耐心向听众宣传“婚姻法”“继承法”“劳动法”“合同法”等的相关内容，并不厌其烦地劝告听众学法、懂法、守法，学会用法律武器维护权益。此外，节目还拓展延伸服务，扩大社会影响。有些听众患有严重的心理疾患，需要较长时间的咨询和辅导，为了弥补这些听众的问题无法在节目中解决的，《陈思的夜空》利用节目资源和影响，开办“陈思心理工作室”，开展心理咨询和婚姻与家庭咨询，还开办各种心理培训班，开展人才测评，进行就业指导工作，广泛为社会服务。[23]

四、消费维权类节目

在生活服务类节目中，除了以上向听众提供信息为主的节目外，许多广播电台还开办了消费维权类的节目，倾听来自听众的声音，并帮助他们将生活中遇到的消费问题向有关部门进行反馈。

北京台与北京市消费者协会联合开办的《消费者热线》，除了在节目播出时现场接听、记录消费者投诉外，还全天24小时开设“消费者热线”，接听听众消费维权方面的投诉，并由记者整理、调查。针对听众提出的具体问题，从媒体维权、消协维权、行政维权、诉讼维权等方面为消费者提供咨询服务的平台。节目还和消协各部门通力合作，参与报道消协提出的消费、维权热点；介绍相关法律知识；对生活、消费过程中出现的有争议的话题展开讨论、追踪、调查。节目开播几年来，成功帮助上千名消费者维护了合法权益，仅仅2007年一年，就为消费者挽回经济损失百余万元。节目还通过记者深入了解采访，揭示出众多的消费陷阱、行业内幕等，如家装的消费陷阱、婚纱摄影的消费陷阱、贴牌手机的生产内幕、光能手机的虚假宣传等，为消费者提出实用的消费警示。

消费教育，未雨绸缪很重要。2007年，在节目中加大了“消费提示”、“消费一点通”的宣传力度，从贴近实际出发，邀请各行业代表人物指导大家理性、科学消费。如：验光配镜指导、看牙消费指导、家装材料及电器消费指导等等。此外，节目组还收到“百姓唇舌、为民申诉”“消费者热线之声，人民的贴心知音”等听众锦旗多面，并且多次接到听众的感谢电话、感谢信，有着良好的社会反应和听众认可度。

上海东方广播电台的《渠成热线》接听听众有关商品质量和服务质量的投诉、咨询电话，倾听厂商、行业主管部门以及消协、执法机关的意见。节目中也包含了“公婆论理”“维权法挽细细说”“回音壁”“戳穿西洋镜”“服务新举措”等小栏目，节目内容更加丰富，形式更加多样，手段更为新颖。类似的节目还有广东电台珠江经济广播的《秘书长热线》。

除了常设的消费维权类节目外，不少电台还利用“3·15”国际消费者权益日等特别的日子，与消协或工商等联办大型消费维权广场节目，现场接受投诉，发布消费警示，在提高节目影响力的同时，还展示了广播公共服务的新形象，有利于树立广播品牌的形象。

五、房产家居、购物、美食类节目

（一）房产家居节目

近年来，随着城市化的加速，高房价始终都是人们最热议的话题之一。

但是专门的房产家居类节目播出量并不是很大，在北京、上海、广州、深圳四大一线城市中，深圳和广州两地，大约有三、四档播出时间较长的日播节目，而在上海只有第一财经的《第一地产》，在北京只有北京交通广播的《1039楼市信息》。无独有偶，电视节目中也是如此，以房价为话题的节目很多，专门的房产家居节目却并不多。

《第一地产》节目基于上海土地房屋管理局提供的数据，第一时间解读楼市政策，解析市场行情。对于那些没有财经背景的媒体来说，在房产家居类节目中，家装类节目成为一个切入点。家庭装修对于很多家庭来说都是很苦恼的事情，很多人都通过网络或者朋友介绍学习家装知识，广播节目暂时还没有成为这类受众主要的沟通平台。在电视节目中有一些知名的家装节目，如CCTV的《交换空间》，北京生活频道的《生活+》等，在观众中也有很好的反响。应该说电视在视觉方面确实存在先天的优势，但广播媒体也可以充分发挥互动性强的特点，通过邀请家装方面的专家现场为听众解答实际问题以增强听众的收听“黏性”，让节目成为人们沟通家装问题的桥梁。

（二）购物类节目

单纯的广播购物节目并不是很多，而且主要分布在大城市和经济发达地区。如广东电台音乐之声的《欢乐购物》，东广音乐动感101的《享购时间》等。与电视购物类节目频频闪亮荧屏不同，广播购物节目与电视购物相比存在“只闻其声，不见其物”的特点，画面形象感的缺失会限制一部分商品类型的销售，但依然存在许多并不需要受众看到实物即可购买的产品，比如一些旅游产品、书籍等。对于那些确实需要商品形象展示的，还可以通过广播网站信息展示的方式让听众能在收听节目之后更多维度地详细了解商品，对于所有购物类节目来说，要想获得长远发展，关键还是在于树立品牌，获得受众的依赖。

当前，广播购物更多的还是以广播时段播出的形态出现，而且整体的表现还不是很好。从这个角度看，目前广播购物节目仍处于发展初期。总之，无论对于电视还是广播购物节目来说，从经营媒体到媒体“经营”的转变，需要商业经营上全方位的配合才有可能真正实现成功。

（三）美食餐饮类节目

民以食为天，饮食在人们的生活中占据着极其重要的地位。但独立播出的广播饮食类节目并不太多，听众主要收听的饮食节目，在北京是北京体育广播的《饭点说吃》，在上海是东方广播电台的《上海时尚地图》。在饮食文化独树一帜的广东，饮食栏目更丰富，表现出色的节目有广东珠江经济广播的《为食掌门人》和深圳音乐广播的《美味乐翻天》等。

没有电视饮食类节目中令人垂涎欲滴的美食画面，广播饮食类节目将重点放到节目内容的丰富实用方面。有些节目邀请专家、名厨在介绍菜肴制作方法时结合保健、养身等健康元素。有些节目要介绍本地知名或特色的餐馆，告诉听众去哪儿吃、吃什么、消费水平等信息。这类节目播出时间一般安排在傍晚下班时段，让那些正在为去哪儿吃饭发愁的听众能在听到节目信息后直接去大快朵颐。有些节目则邀请家庭主妇分享日常制作美食过程中的经验与小窍门等，充分调动听众参与节目互动。

此外，比较常见的生活服务类节目还包括旅游服务、法律咨询、教育服务、人才服务、供求信息等。总的来说，生活服务不需要太多花哨的内容，重在一个“实”字，实用信息，实际效果，只有这样，才能获得实实在在的收益。

第四节　文艺节目：引领休闲与娱乐时代

广播节目大体上分新闻时事、生活服务、音乐和文艺四大类。但音乐本身也是文艺的一种表现形式，加上前面在谈音乐广播时对音乐节目也有一定涉及，因此，这里就不再把音乐节目单独设成一节，而是把音乐归为文艺节目的一个重要类型。

一、音乐节目

音乐是听觉艺术，与广播的声音传播特征相吻合。特别是调频立体声广播的出现，使音乐与广播实现了几近完美的融合。音乐节目在广播文艺中占有极其重要的地位。在我国，几乎所有的省市级电台都有专门的音乐频率或以音乐为主的频率，在内陆省份河南，省级专业音乐广播就有“魅力88.1”和“90.0 My radio”两个频率。即使在新闻、交通、都市等强势频率中，也经常通过播放音乐来放松心情，调节节目的节奏。前面讲过，美国专业音乐台非常多，定位非常细致。如古典音乐、乡村音乐、爵士音乐、西班牙音乐、当代基督教音乐、摇滚音乐、怀旧金曲音乐等等。随着我国社会的不断进步，人民群众文化欣赏水平进一步提高，音乐广播必然会有一个大发展，音乐频率的细分化、类型化将是一个必然的趋势。

根据一项问卷调查发现，随着现代都市人工作生活压力逐渐增大，大家对广播音乐节目的需求已经从早期的点歌、打榜形式转变为轻松顺耳的陪伴形式。媒体专家靳智伟先生在2005年曾提出：“再好的广播节目，制造咨询、制造情绪的能力都在减弱。陪伴性将成为广播的一种主流。”因此，如何打造音乐节目的陪伴性，已经成为一门新的课题。

也许有人会认为，陪伴性音乐节目不就是简单的歌曲播放吗？其实这是对音乐节目的误解。和其他专业类型节目一样，音乐节目也必须考虑受众心理，有针对性地精心选择。

首先，要根据不同的时段编排歌曲。早上上班路上，车友们需要的是一些阳光、轻松、快乐的音乐。节目可以播放一些新鲜的流行歌曲，节奏轻快，歌词积极向上，为的是给听众带去一天的好心情。午间时段，听众大多是出租车司机，为了缓解驾驶员疲劳和紧张的情绪，在音乐选择上可以以怀旧的经典老歌为主。晚间下班时段，根据各大城市的规律，这个时间段一般是一天当中交通最堵的时段，这个时候的车友最希望能够在车上听到顺心的音乐，通过音乐让他们堵车不堵心。这时候就需要选择一些节奏明快、朗朗上口、传唱度高的音乐，让驾驶员偶尔也能跟着哼哼几句。晚间节目的受众开始向青年学生转移，这时候的音乐选择可以综合性考虑，舒缓和动感的音乐相结合，但不宜播放太多摇滚乐。[24]

其次，根据不同的外界环境编排歌曲。人会受到天气、噪音、路况等众多外部原因的干扰，不一样的情况听不一样的音乐，心情就会不一样。比如，在炎热的夏季，在节目中尽量选择一些听起来清爽干净的作品，减少摇滚、电子乐等容易让人产生焦虑情绪的音乐。在凛冽的寒冬，可以播一些喜庆、热烈的音乐，以强劲的韵律驱散深入骨髓的寒冷。

此外，主持人还要根据不同的主题编排歌曲。比如，在庆祝建党九十周年或每年的国庆节前后，可以多播放些红色歌曲和革命歌曲。遇到汶川大地震、玉树地震这些自然灾害，就多选播战胜灾难、积极向上的音乐。这就要求主持人在日常的工作中要不断积累音乐素养，提高音乐品位，才能做到选择音乐时能凸显个性，游刃有余。

在以大类划分的广播电台节目中，音乐、新闻和谈话应该是当之无愧的“三剑客”。在以往的节目中，除了在新闻和谈话节目中插入适量音乐调整放松心情，三者之间并没有太多交集，但随着城市电台的兴起和节目竞争的需要，一些音乐节目却“侵入”新闻的领地。美国纽约成功运作30年的“1010WINS”电台，就在音乐节目中插播新闻，不过它播报的新闻都是提要式的，短小精悍，每条长度不超过40秒，但每天最重要的新闻全部涵盖其中。河南电台音乐广播在音乐节目中，每逢整点都会让“新闻先生”“新闻小姐”播报一组新闻。当然，这里的新闻是标题新闻，简明扼要，受到不少听众的喜爱。

在国内，南京音乐台开创了“音乐+新闻+谈话”的节目模式。提纲式的简明新闻越来越成为广播受众的“新宠”，“音乐+新闻”模式的“音乐晨报”、“音乐晚报”等节目在南京音乐台应运而生。节目主持人以具有亲和力的方式向听众简短述说民生、交通、文化等新闻和话题，加以简洁的评论，再辅以点题的歌曲作为呼应，整档节目听上去软硬得当、有声有色，既弥补了新闻节目单调冷漠的缺点，又使音乐节目更具实用性，据央视索福瑞进行南京电台收听率调查报告显示，此类节目的收听率始终高居该台众多节目之首。南京音乐台旗下的两套频率（FM105.8和FM106.6）中的听众构成以最具消费购买力的中青年人居多，其中不乏中高收入人群，这类人大多讲究生活品位，同时高度关注各类资讯。于是，音乐节目中巧妙融合和嫁接时事新闻、民生话题这种“软硬兼施”的策略就必然成为音乐台获得高收听率和市场占有率的有效手段。

与“音乐+新闻”模式类似，在类型音乐台中，也出现了 “音乐+资讯”的组合，这种除了伴随还提供“本土化+服务性”的音乐节目也越来越多。即使在美国13000多家音乐台中，“资讯”的力量仍然不能忽视。在中国，大多数类型音乐台通常根据自己频率的定位，流式播放特定种类的音乐，在循环播放音乐的过程中，也会插播一些资讯，包括贴近本地区社会民生的新闻、路况信息、气象预报等，这类资讯的范围很广，如“天气”就可以细分出增减衣指数、舒适度等级指数、感冒指数、中暑天气条件指数、紫外线指数、空气质量指数等“生活气象指数”，几乎涉及现代都市生活的各个方面。这些资讯在类型音乐台的“音乐流”中占有举足轻重的分量。于是，本土化和服务性的“音乐+资讯”就构成了类型音乐台节目的重要组成部分。这让音乐台的节目主持人不得不认真推敲如何在音乐节目中让新闻资讯播报表现得更完美，也让主持人更加意识到，在传统电台基础上开辟出更加符合听众收听习惯、尊重传播规律的广播创新之路才是制胜的法宝。

二、娱乐节目

娱乐节目是广播文艺节目的重要组成部分，它包括笑话、相声、小品、脱口秀等。虽然它出现的时间并不长，却以其轻松幽默、富于创意的特点赢得了听众的欢迎。现在，娱乐节目在各地电台都安家落户了，呈现出一片繁花似锦的景象。然而，和其他节目样式一样，广播娱乐节目也逐渐进入处境尴尬的发展阶段，主要问题表现在内容“愚乐”低俗化、节目定位泛娱乐化、形式单一雷同化等方面。

解决广播娱乐节目面临的上述困境，开创一片新天地，首先要俗不伤雅，避免出现“愚乐”低俗化的现象。诚然，开办娱乐节目的目的，是让人们发笑，然而更重要的是人们怎么笑？笑什么？在导向上有没有问题？健不健康？我们要的是幽默的会心一笑，而不是浅薄轻浮、过分夸张的“愚乐”，更不是主持人的自娱自乐。著名主持人赵忠祥认为，娱乐节目要摆脱低俗走向高雅，一个必需元素就是知识性。同样是幽默，同样是开玩笑，尽量给人家一点历史的、传统的文化知识，真正做到寓教于乐。其次，要想方设法解决娱乐节目定位泛娱乐化的问题。所谓“泛娱乐化”，指的是不该娱乐的节目也生拉硬拽地以娱乐的方式来表现。近些年来，娱乐节目的火爆，一些主持人想把其他类型的节目也加上娱乐因素，以提高收听率。结果，在文学、音乐甚至新闻类节目中，也经常能听到主持人夸张的主持腔调和各种搞怪的音乐、音效，让人觉得非常别扭。

媒体的竞争说到底就是内容的竞争。在这个内容为王的时代，娱乐节目要想突破形式单一雷同化的瓶颈，只有不断地创新思维，在内容、形式和手段上不断创新，不断开发出适应市场需要的娱乐节目。

从内容创新上来说，要加强节目的原创力，增强竞争力，要设立专门的节目研发与创新机构，通过加大投入、培养人才、借用外力等多种手段，激活内部节目创新能力，争取做到引领潮流。由湖北生活广播制作的《生活秀》节目，在第六届全国娱乐节目大赛中获得一等奖，这档节目的一大亮点是节目配备一部24小时留言电话，听众随时可以无障碍地留言。主持人每天挑选部分精彩留言作为节目素材进行解读，并发动听众通过热线电话对留言内容畅所欲言，同时，主持人还根据内容，选播合适的歌曲，通过多种途径“秀出多彩的生活”。公车上给美女让座、跟上司闹矛盾、和朋友开心聚会、外出旅游等等，都可以通过留言和热线“秀”出来，在主持人的带动下，或者像朋友一样促膝谈心，或者不失幽默地调侃，大家在会心一笑中，感悟到平凡生活也能焕发出夺目的光彩。

除了内容的创新，形式上也要推陈出新，拓展娱乐节目的发展空间。形式创新首先重在设计新的娱乐方式。广播娱乐节目常见的形式，除了笑话、小品，还有益智类、演艺脱口秀等节目，大都脱胎于电视娱乐节目。广播缺乏央视、湖南卫视那样强大的策划和创作班底，因此，借鉴已有的娱乐方式，对其进行广播化改造，不失为一种较好的方法。福建都市生活广播的《娱乐大雪拼》就是借鉴电视购物节目而设计的一档新形式的广播娱乐节目。节目主要用广播购物的形式来介绍产品。两位主持人在节目中一个扮演推销员，另一个扮演购物节目主持人，幽默的语言、夸张的渲染，让一档普通的资讯节目听起来有了生气、有了乐趣。《娱乐大雪拼》不在于展示具有娱乐性的内容，而在于将非娱乐的内容以娱乐的方式表现出来，广受欢迎。

形式出新，关键在一个“变”字。再好的节目，运作一段时间后，都会让受众审美疲劳，从而可听性大大降低。广播娱乐节目必须不断增加新的元素，才能创造新意、创造亮点、创造较好的收听率。随着中国与全球化融合的发展、社会的不断进步，越来越多的舶来品和新生事物渗透进了人们的生活，比如网络音乐、网络用语、手机搞笑短信、耳熟能详的广告词、热门电影台词、歌曲、电视购物、博客等。在变化的时代人们更愿意接受新事物，广播娱乐节目也应该关注这些，在节目中适时增加这些内容，顺应新时代受众文化情趣的悄然变化。湖北台的笑话类娱乐节目《HAPPY在线》创办近十年，节目在不改变讲笑话的大前提下，在形式上做过各种尝试。比如，以彩铃的形式演绎笑话，用短信的方式与听众进行及时互动等。节目每期一个主题，将与之相关的笑话和各种艺术表现形式（小品、相声、影视、彩铃、歌曲、音效等）结合起来，共同来表现主题。这种形式一经播出就得到了听众的认可。今年初，以高考为主题的《HAPPY在线》还获得了本届全国广播娱乐节目大赛的第一名。

随着多媒体的发展，如今的广电传媒早已走出“我播你听”的时代，好的节目更注重双向交流、多维互动。热线电话、网络发帖、手机短讯、微博等信息传播技术手段与广播的结合，不仅让主持人与听众的交流方式更立体化，也弥补了广播的短板，给广播节目形态带来了前所未有的新变化。比如河南人民广播电台新闻广播的高端政务访谈节目《政府在线》，就在做广播版的同时，将节目进行网络视频直播，文字版访谈内容也同步到网上，这种形式不仅大大拓展了广播的发展空间，还开启了同步、双向的有声有色的新型传播模式。同时，还弥补了广播稍纵即逝的不足，受众可以过后通过网络收听收看。可以说，这是继广播引进热线电话后的又一创举。现在国内很多电台都已运用了这一形式，尤其在重大的播出活动中发挥了有效作用。

随着“播客”这一种时尚的新娱乐方式的出现，北京文艺广播抓住契机，在2006年1月策划并推出了《播客风暴》这一栏目。用户可以利用“播客”将自己制作的“广播节目”上传到网上与广大网友分享，向听众推荐国内优秀的播客作品，并在栏目开播时就建立了专属的播客网页，在网上把一些优秀的播客作品向听众展播，让听众可以在网上反复收听和评论。在节目开播百期后，又专门制作了300份节目精选集，发放给热心听众。北京文艺台现正联合全国15家电台的“播客”广播栏目筹建“全国播客广播协作网”，取得了较好的效果。

微博的出现与兴盛，在广播和听友之间搭建了一个新的平台。听众的参与程度是娱乐节目收听情况的最直接体现，听众参与也是推动节目发展的根本动力。通过微博，听众不仅可以即时地、很方便地参与广播节目的互动，甚至直接可以通过微博平台决定播出的内容。

三、戏曲节目

戏曲节目是广播文艺节目的重要类型，对于弘扬民族文化、建设社会主义精神文明有着十分重要的作用。但是，社会的发展进步，文艺品种的百花齐放，对传统戏曲艺术造成较大冲击，欣赏群体的老化与断层以及戏曲自身的诸多缺陷等都限制了戏曲节目的发展。然而在一些特定地区（如北京、河南等地），当地优秀的戏曲资源和戏曲文化依然是戏曲节目有力的支撑，河南电台戏曲广播的《戏曲广场》节目，就精心运作，以丰富多彩的戏曲节目从多角度呈现梨园风采，展示戏曲魅力，满足社会多层面听众对戏曲节目的需要。

做好戏曲节目，编辑和主持人首先要转换视角，与时俱进。就拿戏曲节目必不可少的整场戏欣赏来说，简单地播放戏剧对受众已经没有什么吸引力，《戏曲广场》就把视角就推广到与这出戏相关的艺术领域。不仅播出整场戏，还加上介绍该剧相关的创作背景、舞台美术、剧情冲突以及演职人员的相关内容。在几近冗长的整场戏播放过程中，这些适时穿插的戏曲欣赏内容不仅丰富了节目的表现形式，还起到导听的作用，吸引听众继续收听整场戏。这样，听众不仅听了整场戏，还学习了该戏的创作背景、人物、风格样式、音乐唱腔和舞台美术等相关内容，对戏曲艺术的理解与兴趣大大增加，增强了节目的向心力和凝聚力。

戏曲节目不仅要在内容上出新，形式上也要找准受众，满足受众需求。随着传播手段的多样化，现在的戏曲节目也不再采用“我播你听”的传统样式，取而代之的是“戏迷点戏”节目，以听众参与为主，通过写信、短信平台、电话，或者更新的微博方式为送亲人朋友送祝福。新的节目形式以戏会友，更能贴近听众的生活，并赢得听众的喜爱。还有戏曲节目让听众通过热线电话直接“开唱”，并由专家实时点评，大大增强了节目的参与度与听众的“黏性”，不失为一种吸引听众的较好方式。

越是在一种艺术形式行将衰落的时代，越不能躲在象牙塔里自生自灭。从这种意义上说，戏曲节目更要走出播音室，走近听众。在党的十八来临之际，河南电台戏曲广播精心策划了一系列献礼十八大的广场公益演出活动，频率主持人和豫剧、曲剧、越调等河南主要剧种的名家在河南艺术中心喷泉广场登台献艺，与听众朋友互动，既进一步普及了戏曲艺术，又提高了节目的知名度，可谓一举两得。

四、评书（小说连播）节目

评书，也叫评词，流行于华北、东北、西北一带，在江南则被称为评话。是我国劳动人民创造的一种口头文学。评书的节目以长篇大书为主，说演的内容多为历史朝代更迭及英雄征战和侠义故事。在广播出现之前，说唱艺人大多走街串巷说书唱曲，广播和收音机的普及，给评书带来更大的生存空间。

当前，几乎每个广播电台都有评书专栏，在评书更为流行的北方地区，还开了很多专门播放评书和故事的频率。南方的电台主要还是沿用在中午12点左右播放长篇小说连播的方式。无论是南方还是北方，评书和小说连播节目都是广播文艺百花苑中的长青树，是全国所有电台的保留节目、王牌节目，雅俗共赏，老少咸宜，是广大听众心目中的最爱。

在评书辉煌的背后，却潜伏着严重的危机。很多著名的评书表演艺术家，有的已经辞世，有的或因身患疾病、或因缺乏新书段子已很少露面，有的到电视台去客串娱乐节目主持人。青年评书演员尚未形成自己的艺术风格和特色，没有得到受众的普遍认可，况且也仅能说些评书小段。目前，几乎是单田芳等屈指可数的几位评书表演艺术家在支撑着整个评书局面，不免显得“势单”了些。单田芳也曾尝试收徒传艺，但几经努力没有成功。

评书节目还呈现同质化现象严重、地域特色欠缺、进入门槛较低等显著问题。尤其是大量专门的故事广播开播后，很多电台频率都面临着同一个问题：优秀的评书和小说越来越难找了。在故事广播中，节目主持人的作用被大幅度削弱，评书和小说的选材与演绎者的水平直接决定了频率收听率的高低。然而，名家的演绎的经典小说、评书数量毕竟是有限的。总是重复播放几部经典评书，也难以对听众形成持续的吸引力。

可喜的是，目前已经有人认识到评书与小说连播的巨大市场需求，并组建专门的公司从事评书和小说连播、广播剧的创作。这种专业的市场化之路，或许是评书和小说连播节目的唯一出路。

五、曲艺、文学、综艺等节目

除了以上提到的节目样式，文艺节目还包括曲艺（相声、快板、数来宝、大鼓、弹词、琴书、道情、牌子曲等）、舞蹈、文学、综艺、电影录音剪辑等多种类型。在策划、创作这类节目的时候，应该更加注意体现广播的媒体优势，在“新”字和“情”字上下工夫。

这里的“新”包括三方面含义，一是包装要新。广播节目的包装，主要靠音响师的默契配合和播音员纯正而充满激情的播音再创作。二是形式要新。广播文艺节目内容丰富，形式多样，但也极易风格雷同，没有新意。要想在节目内容上出新，就要摒弃老脑筋，开拓新思路，在知识性、娱乐性、欣赏性上下足功夫。三是风格要新。体现广播节目风格，主持人起着极大的作用。在文艺节目里，主持人不仅是一名主持人，还要成为一名杂家、表演家，甚至是歌手、文艺工作者、文学家。在节目中显示突出的个性才能够更赢得听众的喜爱。广播文艺节目的个性，就是它的特点或特色所在，它可以是“新”“奇”，也可以是唯我独有的。

文艺节目还是一种情感的艺术，节目要以情动人，有亲和力，才能引起听众的共鸣。主持人首先要在节目当中构建一个情感空间，在主持节目过程中时刻把听众放在心上，用心与听众交流。比如电台收听率极高的“情感夜话”节目，主持人大都是以一种倾听者的身份来主持节目，通过被访者的倾诉，营造了一个情感的空间，然后以一名旁观者的身份加以点评，或答疑解惑，或做心理梳理，使人们在感受一份真情的同时得到一定的启发。其次，文艺节目并不是简单的曲艺、小品等内容的罗列，而要体现一定的编辑思想，无论是给人以美的享受的文学、戏曲等欣赏性节目，还是互动交流节目、文艺专题节目，都要赋予节目深刻的内涵。

当然，广播文艺节目也最容易出现搞笑低俗、为娱乐而娱乐等不健康现象。在这种情况下，广播文艺工作者更应当始终不渝地坚持正确的导向。在做文艺节目的时候，更要努力把握好尺度，并在传播过程中努力做到自律，克服商业壁垒的障碍，剔除浅薄、低俗的一面，弘扬文明、向上的一面。弘扬真善美，鞭挞假丑恶，让文艺节目展现出持久的生命力。

总之，广播文艺作为广播节目中一个不可缺少的分子，任务极其艰巨。根据广播文艺节目的自身特点和独特的表现方式，只要做到构思巧妙，搭配得体，既丰富多彩、富于变化，又相辅相成、和谐统一，既讲究穿插，又注重陪衬，红花绿叶相映生辉，相信广播文艺节目仍然会占有一席之地。

第三章
双重属性下的广播节目评估体系

“十二五”规划提出了国家今后五年文化发展的目标和任务：深化文化体制改革，创新文化生产和传播方式，解放和发展文化生产力，增强文化发展活力。要实现这一目标，首先要正确认识、准确把握广播属性问题，这是实现科学发展的前提和保证。广播的主要属性包括政治属性和产业属性。其中最根本、处于核心地位的是政治属性，这是保证广播发挥党、政府和人民的喉舌功能的本质属性，是广播社会效益的集中体现。产业属性能够产生经济效益，对广播事业的发展起到支撑作用，有利于增强广播的政治属性，提供广播发挥喉舌功能的物质基础，但它也会干扰政治属性的正常发挥，如过分强调广播的经济效益而导致广播媒体的社会责任感淡化，“有偿新闻”与“有偿不闻”时有出现，节目庸俗化等。如何平衡广播的两个属性，减少二者冲突，实现广播社会效益和经济效益的最大化是广播人亟待解决的问题。

广播节目评估体系是寻找广播节目双重属性最佳平衡点和使两者有机结合的途径之一。广播节目评估体系是在社会效益和经济效益两个维度下，对广播节目品质进行量化考量的评估体系，对广播发展具有重要的价值和意义：一、它对广播节目产生的社会效益和经济效益进行全面科学的考量，使广播节目的生产朝着两个效益最大化的方向努力，实现广播双重属性的兼顾和正常发挥。二、它能够满足广电媒体日常管理工作的需要。广播节目的生产属于创意文化范畴，其管理规范化实现起来比较困难，科学完善的节目评估机制可以为电台管理提供方法和依据，与人员评聘、激励机制和品牌战略等密切相关。三、有助于建立规范的节目市场体系。随着制播分离以及体制机制改革的深入，亟须建立规范化的节目交易市场，构建业界普遍认可的节目评估体系，可为节目交易市场的形成及规范化运作提供保障。四、节目评估体系的建构还可为广电节目评奖提供科学的标准和依据。[25]

第一节 国内外节目评估研究发展和应用综述

一、国外节目评估研究发展和应用综述

国外媒体以其资金来源的不同大致可以分为三种类型：第一，政府出钱的官方媒体，如美国VOA；第二，议会出钱或给予特殊政策的公益媒体，如英国的英国广播公司、日本的日本广播协会等；第三，私营的商业媒体，如美国的有线电视新闻网、英国的独立电视台等。三种媒体因其定位的不同，节目评价的标准也各异，官方媒体作为政府的喉舌，自然是政治导向第一；公益媒体因为有议会撑腰，更多的是为全民负责，为全民服务，因此其节目评价的标准就是受众的满意度；商业媒体不同于前两者，其收入完全通过市场手段获得，节目吸引的广告是其收入的重要来源，而影响广告收入的关键因素是节目的视听率。因此，节目评估从诞生之日就具有多重属性的基因，评估体系通过对不同属性的平衡，实现对节目生产的管理和控制。

美国是全球广播最早兴起的国家，也是广播商业化最为发达的国家，商业电台占85%以上。为了充分开发受众市场，美国很早就开始把视听率作为评价节目的重要指标，分别在1928年和1947年进行收听率和收视率的调查。视听率调查的发展历程可以划分为三个阶段：第一阶段，广播业者采用听众来信、鼓励听众以写信的方式进行调查；第二阶段，1937年，美国密歇根大学教师加尼特·加里特（Garnet Garrison）用日记法进行了第一次系统的收听率研究，使视听率调查方法有了显著的改善，日记卡调查得到迅速推广和应用；第三阶段，20世纪50年代初，尼尔森公司将受众测量仪正式引入收视率调查领域。为了与尼尔森公司抗衡，阿比壮（Arbitron）公司研发了更为方便的便携式人员收听测量仪（portable people-meter，PPM），目前包括美国在内的全球多个国家已广泛使用便携式收听测量仪进行收听调查，在精确度和时效性上已达到无以复加的水平。美国商业电台根据收集到的收听数据，对听众的收听行为展开细致分析，考察不同节目在其目标人群中的收听表现，

收听表现好的节目能够在其目标听众所对应的广告商那里获得丰厚的广告收入，收听不好的节目就要调改或被淘汰掉。

除美国外，日本、英国、法国等国家也广泛开展收听和收视调查，为节目评估提供依据。日本视频研究有限公司（Video Research Ltd）于1962年成立，是日本市场与媒介研究的领军角色，应用日记卡调查方法收集全日本广播收听数据，为全国电台提供听众在家中或户外的收听情况。英国爱迪生（Edison）媒介研究公司为电台、电视台和其他媒介组织提供收听、收视数据及信息，并与包括美国在内的多个国家的电台展开合作，进行广播研究。法国索福瑞（Sofres）公司从1985年开始提供收视率调查服务，1997年，总部位于英国的泰勒·纳尔逊AGB（Taylor Nelson AGB）与索福瑞公司合并，2003年整合为TNS（Taylor Nelson Sofres）集团，成为法国最大的市场和媒体研究机构，提供收视和收听数据调查，此外还提供与媒体相关的媒介专项调研咨询等服务。

虽然通过各种科学调查方法收集到的收听数据能准确反映听众的收听规模和收听习惯，但在体现节目内容优劣、听众收听态度等方面却爱莫能助，高收听率并不意味着高品质，如八卦、恶俗的节目往往能获得较高的收听规模，但节目质量低下。由政府或议会出资的公共广播机构对节目的品质更加关注，因此，听众的收听感受往往成为公共广播评估节目的标准。英国是最先研究广播节目质量的国家，英国广播电台早在1941年第二次世界大战时就进行了电台节目听众的收听率调查，了解听众对节目的偏爱情况，并使用“欣赏指数”对节目质量进行评价。20世纪60年代末，英国独立广播协会开始测量观众对电视节目的欣赏程度，并形成了评价9类节目的涉及58个项目的6点（0～5分）的语义区分量表，至20世纪90年代，欣赏指数修改成0～100分的量表工具。目前，英国广播公司的受众满意度调查由市场研究机构捷孚凯（Gfk NOP）来进行，每次调查约15000个成人和1500名儿童，对前一天收听或收看的每个节目在1到10分的范围内进行打分，10分是最高分。每月打分结束后，每个节目得到的平均分乘以10即该节目的欣赏指数分值。2009年英国广播公司的电视节目的欣赏指数平均得分为80分，广播节目平均得分为79分。美国对节目质量的定性研究比英国稍显滞后，从20世纪60年代中后期开始，美国的传播研究办公室（Office of Communication Research）开始推动一系列节目定性研究计划，包括TVO，VOXBOX和TQR。[26] 1964年，美国的Marketing Evaluations公司开始利用TVQ问卷，要求观众对节目做出评价，测量观众对节目的认知度和偏好程度，并从20世纪70年代由免费的电视广播扩展至有线电视节目。其他开展节目质量调查的国家还有加拿大、法国等。加拿大广播公司参照英国的欣赏指数，提出了享受指数（Enjoyment index），法国把它称为兴趣指数（Interest index），荷兰则直接引用英国的欣赏指数。[27]

二、国内节目评估研究发展和应用综述

由于历史缘故，相比国外对广播节目评估体系的研究，我国在广播节目评估体系的研究和应用方面相对比较滞后，其发展历程和我国国情密切相连，逐渐形成了具有中国特色、兼顾社会效益和经济效益以及政治和产业双重属性的综合评价体系。

（一）领导、专家意见和听众来信的主观评价阶段

在我国，广播电视台是社会主义新闻事业的载体，是国家经营型的文化事业。改革开放前，电台的经营费用来自政府拨款，实现党和政府的喉舌功能是电台的主要任务，这个性质决定了广播以争取社会效益为主要目标，以符合党的宣传政策为广播的价值取向。因此，广播节目舆论导向的正确性、节目的艺术造诣等成为评价节目质量的主要标尺，而承担这一评判任务需要有较高的政治敏感性和洞察力，以及较丰富的广播传媒专业知识和实践经验，这一重任自然落到了各级领导和专家的身上。虽然这一时期电台也通过听众自发来信和不定期召开听众座谈会对节目质量进行评价，但在这种背景下，广播节目的制作和播出无须对听众反映给予过多关注，听众的意见很难对节目的评估产生根本性的影响。

领导和专家的意见充分保证了广播节目在艺术性、表现手法、创新性等

方面的优良品质和舆论导向的正确性，帮助电台生产出了大量高水平精品节目，使广播发挥出积极的社会效益。但这种以领导和专家为主的评价方法是“传播者本位”的单方面评价机制，只注重节目本身的质量高下，而没有把节目当作一种传媒文化产品，无法考察节目的传播效果，没有进行市场调研与分析，忽视了节目的经济属性。

（二）市场调查指标的引入

改革开放后，特别是20世纪90年代后，广告收入成为电台、电视台的主要收入来源，我国政府、广播电视行业和学术界逐步对媒体的“社会功能和经济功能”达成共识，越来越重视受众的注意力。在这种背景下，反映受众收听收看行为的各种市场调查指标被引入节目评估中。

1982年夏天，中国社会科学院新闻研究所和北京新闻学会在北京地区开展了我国首次大规模的受众抽样调查。这次调查，对广播、电视、报纸的传播效果进行了综合考察，了解受众接触媒体的行为、兴趣偏好、对新闻报道的信任度以及产生不信任因素的原因等等。这是学界和媒体首次用抽样调查的方法获取受众对媒体的评价，翻开了我国学界和媒体用科学方法获取评估信息的新篇章，具有里程碑的意义。[28]

1986年，中央电视台进行了一次全国28个城市的抽样调查，这次调查被认为是中国首次大范围专门的观众调查。1987年，中央电视台会同各省市电视台，进行了我国第一次城乡范围的观众调查。20世纪90年代初期的收视调查带有很明显的非市场性特征。以全国观众调查网为例，中央电视台每年都要花费人力、财力进行收视调查，但调查数据却仅用于中央电视台和各地方台内部分析节目效果的参考，既是裁判员又是运动员，调查行为失去了市场意义，严重偏离国际上通行的对调查机构客观、科学、中立的要求，巨额投入并没有取得应有的回报。

进入20世纪90年代中后期，随着电视台及电视频道数量的迅猛扩张和电视媒介市场化的快速发展，电视收视市场的竞争加剧，收视率作为反映观众收视行为和偏好的主要指标，在节目编排、广告投放决策以及电视节目评估中的作用越来越被业内人士认可，中国收视率调查得以快速发展。1997年12月4日，央视索福瑞媒介研究公司（CSM）成立，短短几年时间，CSM已迅速成长为中国最具权威的收视率调查专业公司。中国的收视率调查虽然起步较晚，但发展速度很快，仅用十几年的时间便走完了西方发达国家半个多世纪的发展历程。目前我国的收视率调查，无论是在抽样方法上，还是在调查技术上都已与国际最新发展保持同步。

与收视率调查相比，收听率调查在中国起步更晚。从20世纪90年代中期开始，陆续有部分广播电台（如中央人民广播电台，北京、上海、天津等地人民广播电台）开始进行听众调查。这些调查大多采用随机抽样、问卷调查的方法，调查内容主要为：居民收听设备拥有情况，听众收听广播的地点、习惯和偏好，各广播频率的收听情况以及对节目的满意程度等。严格来说，这些调查还不是真正意义上的收听率调查。CSM于2000年在北京、深圳、杭州和成都四个城市试点，进行了真正意义上的收听率调查。从2002年开始正式在北京、上海和广州三大城市进行收听率调查。CSM在每个城市中每年进行3次连续调查，每次调查持续4周。每个城市的样本规模为300户，采用日记卡方法调查样本的收听行为。除CSM外，央视市场研究（CTR）从2000年9月起开始为广播电台进行广播收听率调查。收听率调查的快速发展及收听数据的广泛应用，对广播电台节目调整、节目质量的提高、节目评估和促进我国广播媒体的良性发展起到了巨大的推动作用。

除收听数据外，我国还引入了满意度调查为节目评估提供依据。1998年，央视市场调查中心受中央电视台的委托，在参照英国广播公司欣赏指数调查的基础上，在国内首先推出了电视节目满意度调查。1999年初，央视委托索福瑞媒介研究公司进行全国观众满意度调查，包括节目满意度和频道满意度两部分，采用入户问卷访问方式，每季度一次。2001年初该调查改版，将评分办法从十分制改为百分制。[29]

收听率和满意度都是受众调查数据，两者相互独立，互为补充。前者反映听众的收听行为，与电台的经济效益紧密相关；后者反映听众的收听感受，是节目品质优劣和社会效益高下的集中体现。收听率和满意度的引入，是我国节目评估工作向着科学化、规范化方向发展的标志。

（三）多样化动态节目评估体系的形成

到20世纪初期，随着媒体市场竞争和广告市场分流的加剧，促使广播电视思考构建一个科学的节目评估体系以提高节目质量和竞争力。

2000年7月，广播界在青海西宁召开会议，对广播节目评估问题作了初步探讨。

2001年4月，全国部分广播电台及调查公司代表在福建厦门举行“广播节目研讨会”。研讨会就广播节目评估的概念、构成、各指标的量化及计算方法、运作程序等问题进行了深入的研究，并提出了将“投入产出比”指标纳入节目评估体系，对成本低、收听率高的节目进行鼓励，最大限度地提高节目的经济效益。

2002年，广播界节目评估工作出现了新局面，不少台已切实开展评估工作，如北京台全面启动了“全台节目质量考评工作”，成立了“节目考评委员会”，制定了“节目质量考评要素及考评办法”。

2003年4月17日至20日，“2003年全国广播电台联合听众调查研究会”由河南人民广播电台与中国广播受众研究会联合在郑州举办。会议就如何搞好2003年全国广播电台联合听众调查工作进行了深入细致的研讨。

2005年2月23日，由中国广播电视学会受众研究委员会（广播）和赛立信媒介研究有限公司共同主办的广播节目评估与广告价值分析系统（BPES）专家论证会在北京召开，对广播节目评估分析系统的可行性进行了论证。

2007年11月6日至9日，以构建科学的广播节目评估及频率评估体系为主题的“2007构建节目评估”专题研讨会在广州召开，会议就节目评估的标准、中国广播电视协会方法、实践、运用等各方面进行了全面探讨。

2011年6月1日至3日，中国广播电视协会在厦门召开中国广播电视节目评估体系课题专家统稿工作会议，以加快该课题结项进度，推动其尽早进入实用阶段。

中国广播媒体和相关组织机构的不断探索，市场调查手段的发展和数据运用的深入，使广播节目评估的系统理论和实践经验得到不断的丰富和完善。目前全国大多数省市级广播电台已建立起适合地方特色的、兼顾媒体经济和社会效益双重属性的节目评估体系。虽然这些评估体系都是综合多种主客观指标对节目进行考评，但评估方法各有不同，有些电台将客观指标加以修正后，结合主观评价成绩形成节目考评结果，使不同频率、不同类型的节目纳入一个平台统一评比；有些电台根据各个节目和频率的历史表现，制定考评期内的目标成绩，按节目和频率达成目标的情况给予奖罚；有些电台将节目按照各个指标的表现情况进行划象限分类，按节目所属类别进行奖罚。此外，各个电台评估体系的侧重也各有不同，有的电台以节目和频率的市场表现为主要考核目标，有的电台以节目制作的成本管理为目标，还有的电台以节目产生的社会效益大小为考核目标。

总体来看，目前我国广播电台节目评估体系还未形成一个统一的标准，呈现出多样化的态势。随着传媒行业的发展、市场和社会需求的变化，各个电台的节目评估体系也在不断地进行调整和更新，向着更科学、更合理和更灵活的方向不断探索。

第二节　构建兼顾双重属性的广播节目评估体系

一、广播节目评估体系架构

节目评估是广播媒体自身及委托的有关机构，按一定原则、标准和程序，运用科学的方法，对节目质量高下及其产生的社会效益和经济效益的大小进行评价，将评价结果应用到节目生产和播出环节，以提高节目质量及传播效果，实现电台的核心价值和发展战略。由此可见，节目评估是个系统工程，它包括了评估的指标体系、评价方法体系、评价操作体系和评估结果应用体系，如图3.1所示。

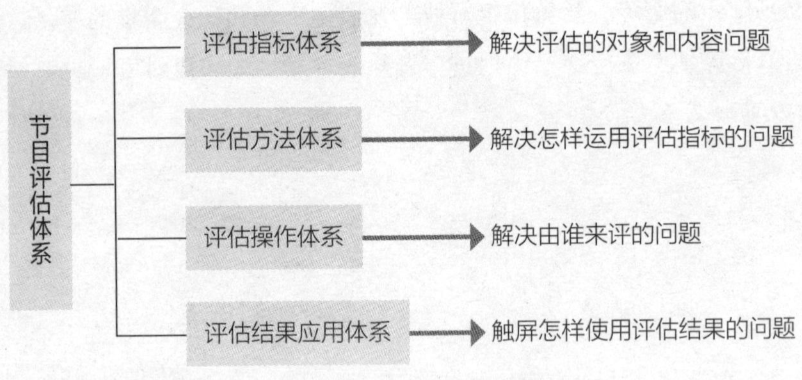

图3.1　广播节目评估体系架构

（一）评估指标体系

评估指标体系规定了评估的对象和内容，是整个评估体系的基础和核心。一个指标被加入评估体系后，节目的制作和频率的管理就会朝着有利于这个指标的方向发展。因此，评估指标体系对评估结果至关重要，对节目制作和电台管理起着一次导向的作用。在设置指标时，既要抓住重点，又要力求简单有效，便于量化和计算。

（二）评估方法体系

评估方法体系规定了评估指标计算结果的使用方法，它解决了“怎样评”的问题。目前国内多数电台所采用的评估方法大体上可以分为三类：1.加权综合评估法；2.目标完成率评估法；3.象限分类评估法。评估方法体系是广播节目评估体系中的关键部分，它对节目管理起到二次导向的作用，使节目和频率朝着评估成绩最大化的方向去努力。例如采用加权综合评估法时，不同指标的权重设置不同，节目和频率会更加关注权重高的指标，投入更多精力使节目尽量满足它的要求。当然，在具体评估时，不一定完全按照其中一类方法操作，可能结合两种或三种方法进行考评，具体情况需要根据实际需求确定。

（三）评估操作体系

节目评估操作体系规定了节目评估从评估指标选取、方法确定、数据采集、结果计算和应用等多个环节的操作机构和流程，是评估体系能够有序、高效运行的组织保证。

（四）评估应用体系

节目评估体系的最终目的是提高节目质量、优化节目编排、提升电台管理水平，从而实现广播政治属性和产业属性的正常发挥，实现社会效益和经济效益的最大化。而以上目的是通过评估应用体系对评估结果的合理运用来实现的。评估应用体系对节目制作人员和频率实施奖惩，优化电台资源配置，淘汰质量低下的节目，鼓励优势节目和品牌节目的发展，从而增强节目竞争力，提升电台整体综合实力。

二、节目评估指标体系

广播节目评估体系是衡量广播节目竞争力和广播频率竞争力的标尺，是广播媒体提高各项管理效益的制度保障，它实现了两个方面的评价功能：对电台播出的每个节目进行评价，以提高节目质量、科学节目编排、改善传播效果；对电台每个频率运营情况进行评价，以提高频率生产管理效率，深化管理机制改革。因此，节目评估体系包括了节目评估系统和频率评估系统两个部分。

广播作为中国社会主义新闻事业的重要组成部分，既是大众传媒，又是党的宣传思想阵地，事关国家安全和政治稳定，肩负重要的社会责任。因此，与国外广播不同，中国节目评估体系要兼顾社会效益和经济效益，既要有反映与经济效益密切相关的收听率指标，还要有若干能够反映社会效益的指标参与其中，[30] 具有指标多、计算繁琐的特点。可以说，中国的广播节目评估体系是目前世界上最复杂的广播节目评估体系之一。

综上所述，构建一套符合我国国情、体现社会主义精神文明、促进电台现代化传媒经营管理模式变革的节目评估体系，必须包含节目评估和频率评估两个子系统，同时还必须实现社会效益和经济效益对节目和频率进行评价的功能。这种构建思路被目前国内大多数广播电台的评估体系采用。广播节目评估指标体系架构如图3.2所示。

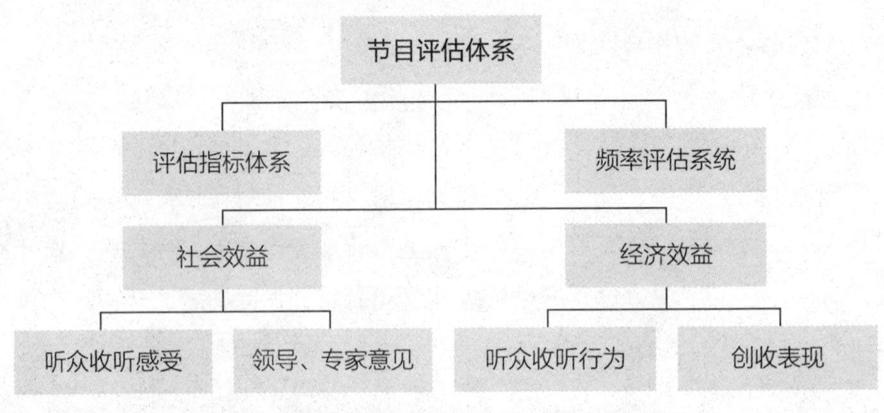

图3.2　兼顾双重属性的广播节目评估指标体系架构

（一）节目评估系统指标体系

节目是广播媒体信息传播的单元，它是联系听众市场和广告市场、体现电台竞争力的基本元素，也是广播节目评估体系最基础、最核心的评价层面。下面就节目评估系统的指标体系和评估方法进行详细介绍。

节目评估指标体系规定了评估的对象、内容和标准。节目评估系统对每个广播节目在社会效益和经济效益两个维度上的综合表现进行科学、客观的评价，节目评估系统指标体系如图3.3所示。

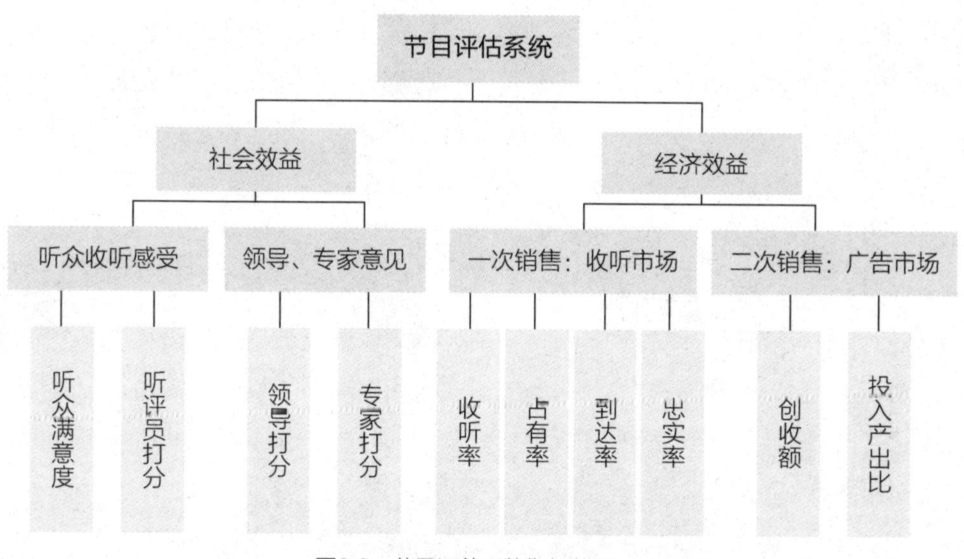

图3.3 节目评估系统指标体系

1. 社会效益指标

社会效益指标是衡量广播节目产生社会影响的标尺。广播节目社会效益的实质是听众收听节目后产生的精神反应，以及这种精神反应指导听众做出的一系列行为对社会产生的影响，节目社会效益产生模式是“广播节目→听众心理→听众行为→社会效益”。[31] 对广播节目社会效益评估的着眼点应该放在其产生社会效益的基面，即“听众心理”层面。因此，对社会效益的评估主要是对听众收听节目后心理感受的了解，是听众对节目的主观评价。这种评价主观性较强，具有模糊和不好量化的特点。

考察听众对节目的主观评价时，按照收听角度和专业水平的差异，将听众分为两种群体进行考量：普通听众的收听感受；电台领导和行业专家的意见。对普通听众的收听感受的考察从听众满意度和听评员打分两个方面进行；电台领导和行业专家对节目的专业意见通过领导打分和专家打分来体现。

（1）满意度

满意度是一个模糊的概念，是听众根据收听节目后的印象而形成的对节目各个要素满意的程度。听众将一个节目的收听感知和心理预期做比较，如果一个节目的收听感知满足甚至超过了心理预期，听众就会感觉满意，就更愿意收听这个节目；相反，如果一个节目的收听感知不能满足甚至远低于心理预期，听众就会感觉不满意，就不愿意收听这个节目，更容易被其他节目所吸引。

听众满意度应用统计学原理，通过抽样问卷调查的方式进行，问卷中可以包含若干子指标，如愉悦度、期待度、满足度等，这些子指标具有以下共同特点：第一，是所有节目都具有的因素，不同类型节目间能够在每个指标上进行比较；第二，仅以衡量节目本身质量为目的，如果节目品质稳定，则收听市场的变化不应对评价结果产生较大的影响。

必须指出的是，采用问卷调查形式对电台所有节目进行满意度调查将是一件费时、费力、费钱的事情。按照统计学原理，进行满意度调查时，对每个节目的调查问卷中的每个指标进行回答的有效样本数至少应为30个。[32] 目前全国很多电台都实现了24小时播出，对于在深夜和凌晨听众很少的时间播出的节目，上述样本数量要求很难被满足，如果一定要满足这一要求，就必须大幅增加调查样本数量，这会使调查成本成倍增加，国内大多数电台都难以承受这样的成本。

（2）听评员打分

重视听众评价，将其有效应用到节目生产和管理之中，是电台改革和发展的主要依据之一。

听评员打分是电台通过特邀等方式组成一支相对稳定，由不同年龄、性别和职业的本台听众监听队伍对节目进行监听和评价。听评队伍人员构成具有一定代表性，能够代表普通听众对节目的意见。听评员监听和打分任务由电台统一分配，电台通过奖励、酬劳等方式对听评员进行管理。与满意度调查不同，这种形式更加深入和专业，电台通过这种评价形式，能够准确把握听众收听取向，了解节目质量在各个评价要素上的高下，为节目品质的提高提供依据。

在开展听评工作前，电台要将各种类型的节目按照一定的评价要素，如节目定位、节目内容、节目编排、播音主持等制定评价指标和打分细则，并在进行听评工作前对听评员进行培训，统一打分标准和原则。在评价指标设置的过程中，要注意评分者对指标评价的一致水平和信度，避免出现某个指标在各个评分等级上的打分概率相等的情况。

除了听众满意度和听评员打分外，电台还可通过听众短信、电话、信件、来访、座谈会等形式和通过互联网收集听众对节目的各种反馈意见作为评价的参考。

（3）领导、专家打分

领导、专家打分是节目评估体系不可或缺的重要指标之一，是保证广播节目政治属性正常发挥舆论导向作用，避免过分强调广播产业属性而一味追求经济效益，影响广播宣传功能的有效方法。

正确的舆论导向是广播安身立命之本，思想性、艺术性和创新性是广播节目优良品质的体现。对以上内容的评判需要较高的政治敏感性和洞察力，较丰富的专业知识和实践经验。电台领导层是电台发展战略的制定者和决策者，他们时刻关注和努力把握着节目的正确舆论导向和质量，对当地收听市场和广告市场比较了解；专家学者对广播节目的艺术性和创新性有独到的见解，对广播行业发展的重大问题、战略问题和前沿理论有着深入的研究。通过这两个群体对广播节目进行打分，能够确保节目在舆论导向和质量上得到适合的评价。

对节目社会效益的考察除了上述指标外，还可以加入节目获奖情况、受上级领导嘉奖情况等因素。这些因素具有较大的偶然性，不适用于对节目进行月度或季度的考核，可以在年度考核中使用。

2. 经济效益指标

如今，互联网、手机媒体等新媒体快速发展，三网融合进程不断加速，大量受众向新媒体转移。同时，传统媒体中占主导地位的电视和新媒体对广播形成前后夹击，广播面临着前所未有的生存和竞争压力。在这种情况下，广播必须提高自身核心竞争力和经营管理水平，必须想方设法取得良好的经济效益，才能保障自身持续不断的发展。作为电台对节目运作过程科学管理与控制的有效工具，节目评估体系必然不能缺失对节目产生经济效益高低的考核。

节目的经济效益主要体现在节目的广告效益上，从节目生产到广告创收实质上是一个二次销售的过程。节目的一次销售是制作好的节目通过播出“销售”给听众，收获听众的注意力；二次销售是电台将获得的听众注意力以广告的形式销售给广告主。二次销售是在一次销售的基础上实现的，并受到一次销售的影响和制约。[33] 如果节目没有吸引力，无法取得较高的收听市场份额，广告主就不会购买这个节目的广告时段，节目的广告市场也不会有好的表现。因此，评估体系对节目经济效益的考核除着眼于广告创收外，还要对影响广告创收的源头——节目收听市场表现进行考察。

节目收听市场表现包括多个方面和指标，其中主要指标包括节目收听率、占有率、到达率和忠实度。这些指标由专业、权威的调查公司按照统计学原理，通过采样调查获取。

（1）收听率

收听率调查始于20世纪50年代中期，采用面对面访问和电话访问的形式，使用“回忆法”采集收听率数据，方法比较简单和粗糙。至20世纪60年代，随着收听率调查方法的不断成熟，日记卡调查方法应运而生，被大多数西方国家应用到听众调查中。这种方法使得数据采集更加密集和精确。20世纪70年代以来，尽管日记卡收集数据较过去有很大的改进，但仍然无法避免数据收集过程中一些人为因素造成数据遗失现象。20世纪70年代后，美国和英国出现了真正意义上的收听测量仪，被调查样本可以随身携带，以分钟或秒为记录单位来监测样本的收听情况，并回传到数据处理中心。这种实时测量样本的技术提高了收听调查的精度和时效，但由于成本高、操作要求高，特别是收听广播的流动性特点，制约了收听测量仪的普及。[34]

节目的收听率是指在节目播出期间，平均每个时段内收听节目的人数占潜在听众的比例。潜在听众是指符合特定条件具有广播收听能力的人。这里所指的有收听广播能力的人，包括三个方面的含义：第一，所处地区有广播信号达到。第二，有收听工具。这里的收听工具可以是自己拥有的，也可以是公共的。第三，有听觉和识别能力。某电台的潜在听众，一般是指该电台覆盖范围内六岁以上具有收听广播能力的人。[35] 收听率可以细化出许多二级指标，如平均收听率、最大收听率、累计收听率、目标听众收听率等等，具体根据电台评估目的不同采用不同的指标。其中目标听众收听率由于能够反映不同类型节目的听众定位情况，使不同类型节目间的横向比较更加科学，获得了一些电台的认可，并被应用到节目评估体系当中。但是，和节目满意度指标类似，要获得所有节目的目标听众收听率，也需要大样本量的调查和支付高昂的调查成本。

另外，收听率受听众生活习惯的影响较大，2010年全国33个城市收听市场调查显示，一天中收听高峰集中在早、中、晚的上下班高峰期间，[36] 具体到各个城市略有差异。在收听高峰期间播出的节目获得的收听率普遍高出在其他时段播出的节目，换句话说，同一个节目在收听高峰期间播出要比在其他非收听高峰期间播出有更好的收听表现。

（2）占有率

占有率又叫听众占有率，节目占有率是指节目播放期间，收听该节目的人数占收听广播人数的比例，反映节目播出期间在收听市场上所占有的份额，体现出节目的竞争力。

根据占有率的定义可以看出，它关注的是节目在播出时段内与同时段播出的其他节目的对比，基本上能够抹去播出时段不同所造成的差异，这也是它与收听率指标最大的区别。由于占有率的这个特点，一些电台在对节目的市场变现进行考核时，仅采用占有率指标，而放弃了收听率的考核。具体应使用哪个指标，还要根据考核目的因地制宜的应用。

占有率又包括累计占有率和平均占有率等二级指标。

（3）到达率

节目到达率是指节目播出期间内，符合到达条件（如节目播出期间曾经收听过该节目，且一次至少收听15分钟）的接触总人数占潜在听众的比例。占有率考察节目能够覆盖到听众的最大范围，这也意味着节目所附着的广告能够触达到听众的最大范围，是广告商主要关注的指标之一。

到达率又包括周到达率和日到达率两个二级指标。周到达率指一周内节目播出期间符合到达条件的接触总人数占潜在听众的比例，反映节目在一周内的总听众规模。日到达率是指平均一天内在节目播出期间符合到达条件的接触总人数占潜在听众的百分比。由此可见，日到达率总是小于等于周到达率。

（4）忠实度

节目忠实度其实是收听率的一个衍生指标，它是节目收听率和日到达率的比值，反映收听该节目的听众的稳定性。忠诚度越高（最高不超过1），节目的听众越稳定。

收听率和到达率能够反映出节目的听众规模，但不能反映听众的稳定性。一个制作精良、品质优异的节目，不仅应当能够吸引大量的听众来收听，还要能够把听众的耳朵牢牢“钉”在节目上。

体现节目收听市场表现的指标还有很多，如人均收听时长、时段贡献率、听众集中度等，这些指标对深入分析节目的竞争优劣势，制定节目编排策略很有帮助，也可视情况应用在节目评估体系中作为必要的补充。

节目的广告市场表现主要包括创收额和投入产出比两个指标。

（5）创收额

节目创收额是指节目播出时段内吸纳的广告收入总额，是节目经济效益的直接体现。

节目创收额是和节目制作投入大小紧密相关的，一般情况下，对同类型的节目来说，制作节目时投入的人力物力越多，节目的品质就会越高，收听表现和创收表现也就会越好。因此单纯考核节目创收额是不科学的，必须引入对节目成本的考核。

（6）投入产出比

该指标是制作节目所投入成本与节目创收总额的比值。投入产出比越低，说明节目的资源利用效率和管理效率越高。

（二）频率评估系统指标体系

频率评估系统指标体系如图3.4所示。

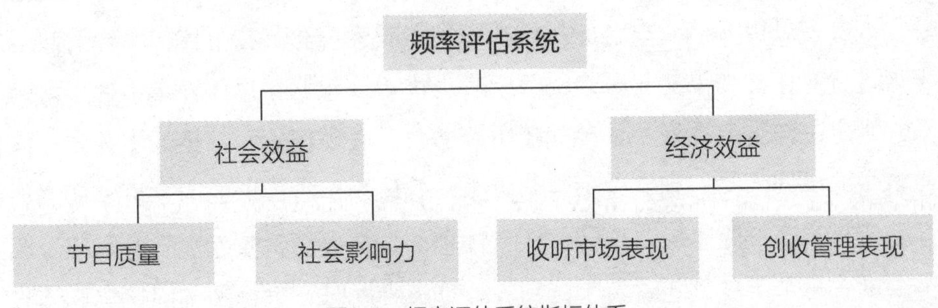

图3.4　频率评估系统指标体系

1. 社会效益指标

频率社会效益的体现可以从频率整体节目质量和社会影响力两个方面入手。

（1）节目质量

由于节目评估系统已经对一个频率所有节目进行了听评员和领导专家的打分，综合他们对节目的评价，能够较全面合理的体现出一个频率整体节目质量的高低。因此，可以用频率所有节目的听评员、领导专家打分成绩的平均值作为频率节目质量的成绩。

（2）社会影响力

对频率社会影响力的考核类似于节目的满意度调查，从听众对频率的认知度和满意度入手，采用问卷调查的方式获得评价结果。频率社会影响力调查比节目满意度调查更具操作性。一般开展收听率调查的基础样本数量要求为300户，完全能够满足针对频率的社会影响力调查需求，因此，该项调查完全可以随收听率调查同步进行，能够实现较好的经济性。

2. 社会效益指标

频率经济效益的体现可以从收听市场表现和创收管理表现入手。

（1）收听市场表现

对频率收听市场表现可以采用频率的收听率、占有率、到达率、忠实度等指标。由于频率收听表现细化分析所要求的样本量要远小于节目，也可以用一些更专业的指标如频率定位契合度等进行考核。如某频率定位听众群是老年人群，可以将该频率在老年样本中的收听表现和其在总体样本中的收听表现进行对比，如果老年听众的收听表现优于该频率在总体样本中的平均水平，则定位契合度较好；如果老年听众的收听表现仅达到甚至低于其在总体样本中的平均水平，则定位契合度较差。具体操作时考虑的因素更复杂，如频率定位听众群除年龄方面外，还有性别、教育程度、收入水平、职业等四个维度，每个维度都包含若干选项。计算契合度时，考虑到不同定位群体收听广播时长的差异，如老年人是广播的热心听众，他们收听广播的人均时长要远高于青年听众，因此，相比定位于青年听众的频率，定位于老年听众的频率更容易实现定位人群收听情况高出平均水平的要求，这就要通过一些复杂的计算，如用目标听众占有率除以频率的市场占有率等方法，消除这种差异，才能对这两个频率进行公平的比较。

（2）创收管理表现

对频率的创收管理表现可以采用频率投入产出比、品牌指数等类似指标进行考察。

此外，频率年度考核时，还应当加入对频率获得各种奖项的考核指标，体现频率在打造广播精品节目、建设和歌颂社会主义精神文明方面所做出的贡献和成绩。

（三）节目加分

宣传党和国家的路线、方针、政策的节目，由于其内容的严肃性，在收听市场不易取得较好的收听表现；科教、公共、农村类节目等公共性节目，其主要目标是维护公共利益、提供公共服务、开展社会教育等，收听对象针对性较强，收听市场表现受到限制。对于这些节目，要么以不同的评价体系进行评估，如宣传党和国家路线、方针、政策的节目由党委和政府以舆论导向、宣传效果对其进行评估；要么在统一的评估架构内，通过给予这些节目适当的加分弥补其在某些指标上的先天不足。

（四）一票否决

无论是节目评估还是频率评估指标体系，它们发挥作用的基础是保证广播节目的政治属性，即广播的喉舌功能和舆论导向作用能够正常发挥，这是一道不可逾越的“红线”，一旦越线，则所有评价指标都失去了意义。因此，在广播节目出现以下情形之一时，应当采用“一票否决”制，即节目和频率评估得分为零予以惩罚，并追求相关责任人责任：

1. 违反党的政策和国家法令，违反宣传纪律的；
2. 被中宣部、国家广电总局或省委宣传部、省广电局通报批评的；
3. 节目中出现严重失实的报道，播出后在社会上造成恶劣影响的；
4. 节目中存在“有偿新闻”行为并经查实的；
5. 未经电台批准，擅自开办节目的；
6. 未堵住非法攻击，造成恶劣社会影响的；
7. 因人为责任，发生特大播出事故，造成恶劣社会影响的。

三、节目评估方法体系

评估指标确定后，就是如何运用这些指标得出评估结果的问题，评估方法体系就是解决这个问题的。评估指标中有主观意见的“定性”评价，也有客观调查的“定量”评价，评估方法体系运用一些数学方法和模型，将“定性”与“定量”指标统一量化和结合，使得原本不可比的指标可以进行“纵向”和“横向”比较，使节目评估具有可操作性。

评估指标量化方法有五级评分法、百分制法等。不同指标量化的方法不一样，不同评估方法量化的要求也不一样。对于客观调查指标，如收听率等，本身就是定量指标，根据需要可以转化成百分制分数。而对于满意度、听评员和专家评议等，通常采用“打分”的办法，用“五级评分法”或“百分制”进行量化。如满意度指标通常以问卷形式，让听众用五级评分法打分，1分代表不满意，2分代表一般，3分代表较满意，4分代表满意，5分代表很满意，可以转化成百分制，也可以根据需要直接用百分制打分。

目前国内电台大多采用的评估方法有三类：第一，加权综合评估法；第二，目标完成率评估法；第三，象限分类评估法。下面逐一进行介绍。

（一）加权综合评估法

顾名思义，这种评估法就是给予不同指标以不同的修正系数和权重系数，然后综合这些指标加权后的成绩，得出评估结果。这种加权综合的思路在目标完成率评估法和象限分类评估法中也可以采用，只是加权综合评估法对指标加权和量化的要求更高，需要考虑到更多的因素，以保证节目间和频率间进行相对公平合理的横向比较。目前这种方法已应用到不少电台的节目评估体系中，积累了大量的实践经验。

以图3.3中的评估指标体系为例，假设某个节目的各项主客观评价指标统一采用百分制（也可采用其他分制）得到的量化结果为：满意度=S1，听评员打分=S2，领导打分=S3，专家打分=S4，收听率=S5，占有率=S6，到达率=S7，忠实度=S8，创收额=S9，投入产出比=S10（注：由于投入产出比通常越小越好，因此该指标采用百分制量化时应采用其倒数计算）。对应的权重分别为：满意度为K1，听评员打分为K2，领导打分为K3，专家打分为K4，收听率为K5，占有率为K6，到达率为K7，忠实度为K8，创收额为K9，投入产出比为K10，则该节目的最终评估成绩为：

$$S\sum_{i=1}^{10}SiKi=S1K1+S2K2+S3K3+S4K4+S5K5+S6K6+S7K7+S8K8+S9K9+S10K10$$

以上各个指标的权重K的设置没有统一标准，需要各个电台根据自身发展战略，结合当地的文化和经济环境来制定。如某一时期电台工作重点集中在经济效益上，那么权重的设置可以偏向和经济效益有关的指标，使节目制作人员投入更大的精力提升节目的收听市场和广告市场表现。另外，电台的发展战略是不断变化的，电台所处的环境也是不断变化的，因此各个指标的权重不是一成不变的，是一个不断动态调整的过程，以适应不同时期电台的发展要求。

在以上计算节目加权综合成绩的步骤中，有两个问题需要注意，一个是指标的修正问题，另一个是指标分数的统一分制量化问题。

1. 指标修正问题

由于一些指标本身不具备横向比较的条件，必须对其进行一系列的修正。以收听率指标为例，专业调查公司提供的收听率数据仅仅为电台提供了节目各自纵向比较的条件（即节目的成长情况），但对类型不同、播出时段不同、周播次数不同、所处频率社会影响力和信号覆盖情况不同、音质效果不同等存在诸多影响收听率结果因素的节目，不能直接用收听率进行节目间的横向比较，必须针对这些差异因素，应用科学合理的方法赋予相应的修正系数，尽可能地消除这些差异因素的影响。[37]

在设置修正系数的时候，要区分哪些是影响收听率的主要因素，哪些是次要因素，以修正主要影响因素为主。仍以收听率指标为例，上述影响节目收听率结果的因素中，主要包括节目类型、播出时段、频率覆盖三个因素。针对这三个因素要分别赋予收听率节目类型修正系数、播出时段修正系数、频率覆盖修正系数，对结果进行修正，即修正收听率=节目时段修正系数S×节目类型修正系数L×频率覆盖修正系数F×节目原始收听率。下面分别说明各个修正系数的计算方法。

（1）节目时段修正系数

听众收听广播的时间受生活习惯、作息时间和个人爱好等影响较大。以河南地区为例，2010年河南地区广播收听高峰时段一般在早间7：00~8：00、中午12：00~13：00和晚间19：00~21：00，这些听众规模较大的时段被称为广播的“黄金时段”，如图3.5所示。对于安排在黄金时段播出的节目，由于听众接触广播的机会较多，节目的收听率自然较高；安排在非黄金时段，如夜间23：00以后和凌晨播出的节目，由于听众总体规模小，节目的收听率就会较低，即使同一档节目安排在不同时段内播出，收听率也会呈现较大差异，为了消除这种差异，使不同时间播出的节目具有可比性，要对收听率进行播出时段的修正。可以采用以下方法修正：

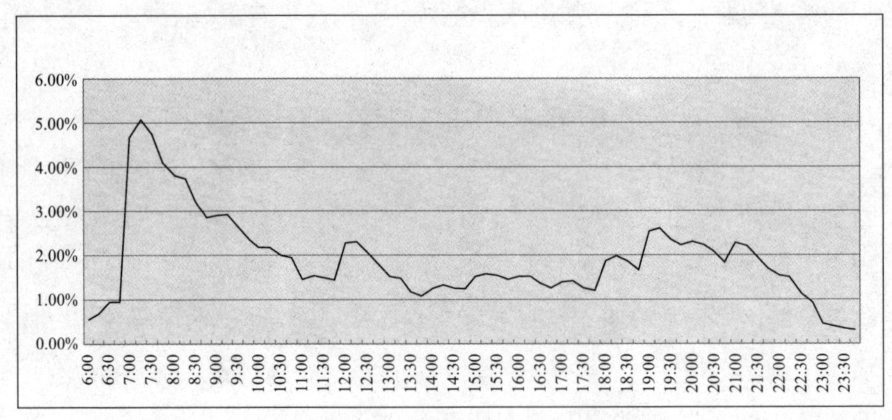

图3.5　2010年河南地区广播收听走势

$$S=\frac{S\max}{Sn}$$

其中$S\max$是调查地区一天中收听率最高值，Sn是节目播出期间调查地区的时段收听率。对于在听众收听规模最大时段播出的节目，其修正系数为1，而在听众规模最小时段播出的节目，其修正系数值最高，这样就消除了播出时段不同对节目收听率造成的影响。

（2）节目类型修正系数

不同类型节目所吸引的听众在数量规模上存在较大差异，定位人群宽泛的节目，如新闻类、音乐类节目，相比定位小众人群的节目，如外语类、财经类节目，更容易获得较高的收听率。尤其是小众节目，其收听定位效果越好，收听率可能越低。因此，节目类型的不同导致收听率先天的不公平性和不可比性，必须对其进行修正，修正方法如下：

$$L=\frac{L\max}{Ln}$$

其中$L\max$是调查地区各类节目中平均收听率的最高值，Ln是某类节目的平均收听率。这样对于收听率普遍较高的新闻类、生活服务类和音乐类节目来说，其修正系数会接近或等于1，而对外语、财经类等平均收听率较小的节目来说，就能得到最高的修正系数。

（3）频率覆盖修正系数

对于国家级和省级广播媒体来说，要求收听率调查在全国或全省范围内开展，但电台各个频率的覆盖情况千差万别，在某个调查地市能接收到所有频率的节目，在另一个调查地市就可能接收不到某个频率的节目，接收不到的频率在这个地市的收听率就会为零，从而影响到该频率和节目在总体收听市场的调查结果。考虑到覆盖情况，必须对其进行修正，修正方法如下：

$$F=\frac{F\max}{Fn}$$

其中$F\max$是覆盖最好频率在调查地区的样本数，Fn是其他频率在调查地区的样本数。如果电台所有频率在调查地市的覆盖情况相同，就不需要进行频率覆盖的修正了。因此，在进行收听率调查时，应当尽量选择所有频率都覆盖到的地市做调查。

以上收听率的三个修正思路被大多数电台的评估体系所采用。有些电台还对收听率进行了终端接收效果、频率专业定位等方面的修正，使评估尽可能做到公正合理。但是，并非所有修正都能够完全做到公正、科学，有的修正方法本身还有待商榷，考虑修正的因素太多，反而可能增加人为引起的误差，因此，在设置修正系数时，应抓住主要矛盾，力求简明、直观。

2. 指标统一分制量化问题

在综合节目各项评估指标时，主客观各个指标量纲不同，不能直接相加，必须将所有评价指标数值量化成一个统一分制下的分数，然后乘以各自权重，计算总和求出最终评估结果。以百分制为例，所有评估指标必须量化为一个百分制分数，且应通过一些数学计算方法使每个指标的最高得分和最低得分之间的差距一致。如考察电台所有节目的收听率得分，如果节目最高得分是100分，最低得分是0分，则所有节目的满意度调查最高得分也应当为100分，最低得分也应当为0分。之所以要这么做，是因为所有指标通过调查得到的直接成绩中，最好成绩和最差成绩之间的差距随指标不同而不同，有的指标差距很大，量化为百分数后，差距也很大，而有的指标差距很小，量化为百分数后差距依然很小，这样，在综合不同指标百分成绩时，如果不采用统一的差距标准，则有些指标因为差距很小，会被“淹没”在差距大的指标中，体现不出在评估体系中应当发挥的作用，而另一些指标因为差距很大，会屏蔽其他差距小的指标，夸大其在评估体系中的作用。

由上述分析可见，加权综合评估法具有考虑因素全面、理论科学、能够相对公平地实现节目和频率间的横向比较等优点，同时也存在计算复杂、修正系数和权重的确定难以达到完全科学合理的要求且动态变化等不足，还需要在实践中不断寻找更加合理的方法，不断完善和提高。

（二）目标完成率评估法

目标完成率评估法是考核节目或频率发展趋势的一种“纵向”评估法，采用本考评周期结果与历史考评结果，即考核基准值相比的办法，考察节目或频率的成长情况，对于“进步”较快的节目或频率给予奖励，对于“进步”较慢甚至“退步”的节目或频率予以惩罚。

采用该评估方法时，首先要确定采用哪些指标进行考核，以评估节目为例，可以完全采用图3.3的指标体系，但这样做存在指标繁杂、容易引起考核目标混乱、考核目的不明确等问题，通常目标完成率评估法抓住几个主要指标进行考核较合适，如收听率、创收额等，能够突出考核目标，让考核对象明确考核任务。

考核指标确定后，要确定这些指标的考核基准值，这一步难度较大，目前也没有统一的方法和标准可循。以收听率为例，一些电台以参评节目或频率在过去一年或几年平均的同期收听数据作为基准值，也有的以上期考核数据（采用季度考核时为上一季度考核数据，采用月度考核时为上一月度考核数据）为基准值。考虑到听众的收听习惯受到季节因素的影响较大，如夏季人们的户外活动多，作息时间普遍要长于冬季，且人们上下班时间随季节更替而调整等因素，收听高峰出现的时间、人均收听时长等指标也会随季节而变化，因此在进行目标完成率评估时，采用同期比的方法，以本考核期评估结果和去年或过去几年同时期的考核成绩平均值相比更加合理。

最后是考核结果的衡量标准，有些电台根据考核成绩的高低，如按节目或频率收听率、创收额的增长情况进行排名奖惩；有些电台对节目和频率制定考核目标，比如上个考核周期增长5%是优秀，增长1%～5%是合格，增长在1%以下甚至降低是不合格等；有些电台采用相对宽泛的办法，如节目或频率的收听率、创收额高于基准值就奖励，反之则予以惩罚。各种考核办法各有所长，具体需要根据电台评估体系应用的阶段和程度进行选择。

目标完成率评估法具有简明、直观、易于操作等优点，但也存在一些缺陷。

首先，这是一种纵向比较法，即自己和自己比，无法计入横向干扰因素的影响。以收听率为例，一档节目收听率的下降可能是频率数量的增加、同时段竞争性节目的出现导致听众分流所致；也可能是受本节目相邻前后节目的品牌效应对本节目收听表现的拉升；等等。

其次，考核基准值是依据历史数据确定的，而媒体市场竞争格局不断变化，电视和新媒体对广播发展不断施压，听众需求不断变化，导致节目生命周期缩短，节目和频率收听率保持平稳或力求上升的难度不断加大，广告创收阻力不断增加，静态的基准值不能适应动态的收听和创收市场变化成为必然。[38]

最后，不同节目和频率的发展阶段不同，一些品牌节目和品牌频率无论在收听市场还是在广告市场已发展到近乎“饱和”的程度，进一步提升的空间很小，即使维持目前的表现，也需要付出很大的努力，但这部分节目和频率对电台的贡献是最大的。而一些开播不久的频率或节目，其市场认知度还相当低，在收听和广告市场有广大的拓展空间，往往很小的提升就能获得很高的增长比，但这些节目和频率对电台的贡献很有限。因此，以一个统一的衡量标准对所有节目和频率进行考核也有失公允。

（三）象限分类评估法

象限分类评估法又被称为坐标评估法，即选取两至三个评价指标建立一个二维或三维坐标系，将节目按照其评价结果对应的值放置于坐标系内，根据其在坐标系中所处象限进行分类和评价。

以二维坐标的节目评估模型为例。二维坐标评估模型又被称为SWOT评估模型，SWOT四个字母分别代表优势（Strength）、劣势（Weakness）、机会（Opportunity）和威胁（Threat）。SWOT分析方法来自管理学，通过对被分析对象的优势、劣势、机会和威胁进行综合评估与分析以及对内部资源、外部环境的综合分析，确定被分析对象的优势和缺陷，了解对象所面临的机会和挑战，从而在战略与战术两个层面加以调整，最终达到所要实现的目标。

运用二维坐标进行评估时，首先要确保所采用的两个评价指标是相互独立的，例如不能用节目的平均收听率和累计收听率建立坐标系，平均收听率和累计收听率成比例关系，用这两个指标建立的坐标系实质上只考核了其中一个指标，失去了建立坐标系的意义。其次，由于只用两个指标进行评估，因此选取时必须抓住能够体现考核目标的主要指标，如采用收听率—满意度、到达率—忠诚度，等等。以节目为例，对于兼顾社会效益和经济效益两方面考核的评估体系来说，采用修正收听率—满意度构成坐标体系较为合适。修正收听率在加权综合评估法部分已有介绍，满意度采用听众满意度调查、听评员打分和领导专家打分等多个指标的综合成绩。修正收听率—满意度二维坐标评估模型如图3.6所示。

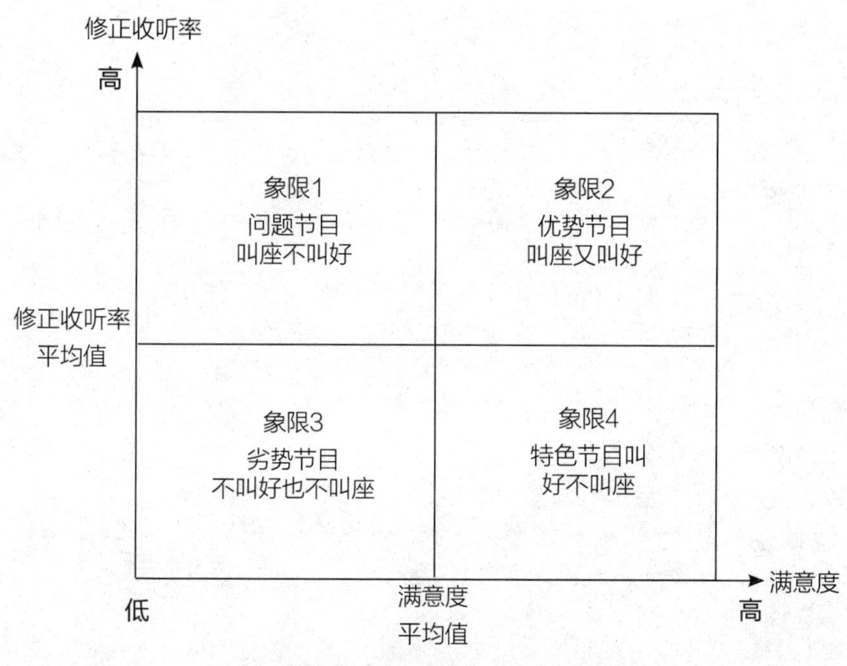

图3.6　修正收听率—满意度二维坐标评估模型

处于第一象限的节目收听率高于平均值，但满意度低于平均值，反映出节目定位面向大众的特点，但品质有待提高；处于第二象限的节目收听率和满意度都高出平均值，是值得表扬和奖励的优势节目；处于第三象限的节目收听率和满意度均低于平均值，不能吸引大量听众收听，收听后也没有很好的体验，属于要整改或淘汰的；处于第四象限的节目有较好的收听体验，但听众规模不大，属于面向小众人群的特色节目。

将每个维度的考核标准进一步细化为三级后，二维评估模型还可以演变为如图3.7所示的九象限评估模型：

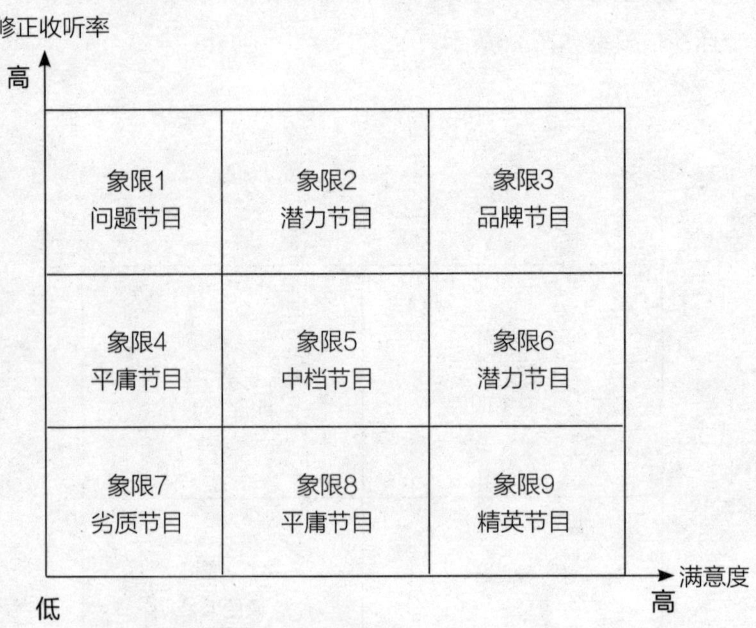

图3.7 修正收听率—满意度九象限评估模型

象限1属于高收听率和低满意度的问题节目；象限2和6属于收听率或满意度高，但另一个指标处于中等水平的潜力节目；象限3属于收听率和满意度都很高的品牌节目；象限4和8属于收听率或满意度最低，但另一个指标处于中等水平的平庸节目；象限5属于收听率和满意度表现均衡的中档节目；象限7属于收听率和满意度都较低的劣质节目；象限9属于收听率较低、满意度较高的小众精英节目。

根据需要，还可以采用多个评价指标建立多维坐标评估模型，如图3.8所示的修正收听率—满意度—投入产出比三维坐标评估模型。

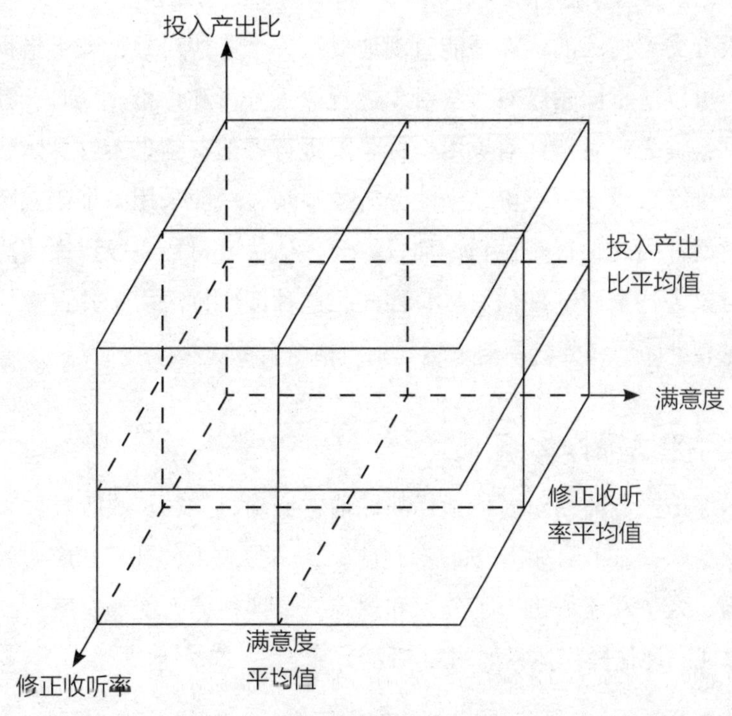

图3.8　修正收听率—满意度—投入产出比三维坐标评估模型

以每个维度的平均值为象限界限，三维评估模型共划分出8个象限，分别是：

第 1 象限：收听率高、满意度高、投入产出比高的节目；

第 2 象限：收听率高、满意度低、投入产出比高的节目；

第 3 象限：收听率高、满意度高、投入产出比低的节目；

第 4 象限：收听率高、满意度低、投入产出比低的节目；

第 5 象限：收听率低、满意度高、投入产出比高的节目；

第 6 象限：收听率低、满意度低、投入产出比高的节目；

第 7 象限：收听率低、满意度高、投入产出比低的节目；

第 8 象限：收听率低、满意度低、投入产出比低的节目。

通过节目在三维坐标系中所处象限的位置，对节目在收听率、满意度和投入产出比三个方面进行综合考量。

象限分类评估法的优点是能直观地反映一个考察对象在若干指标上的综合表现，可以从不同角度对考察对象进行深入分析和评价。同时，其缺点也显而易见：首先，对考察对象用坐标象限进行评估，结果不够具体和精确；其次，评价维数越多，评价结果的分析越复杂，一般采用两个或三个指标建立坐标模型，因此，很难做到像加权综合评估法或目标完成率评估法那样，对考察对象进行全面的评估。尽管如此，这种评估方法由于其直观、立体的特点，在节目评估和分析中越来越受到广播电台的重视。

四、节目评估操作体系

节目评估操作体系对评估指标和评估方法确定、客观收听数据采集、主观收听感受调查、节目/频率创收数据收集、评估结果的计算和应用等多个环节的机构、人员和流程进行了分工和规定，是评估体系能够有序、高效运行的组织保证。评估操作体系如图3.9所示。

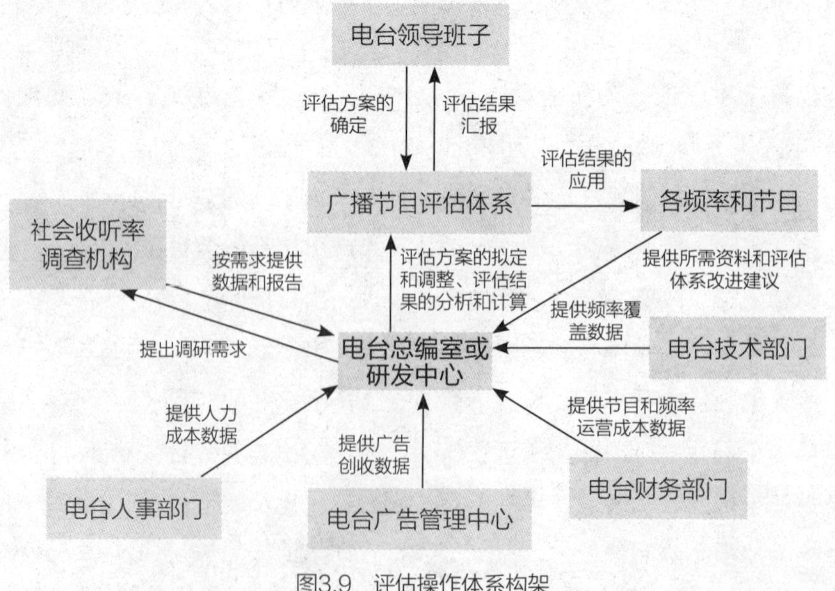

图3.9　评估操作体系构架

广播节目评估工作是一项常态化、制度化的工作，从启动到投入正轨运行都必须由专门的机构和完备的人员队伍来完成，整个工作流程应做到简明扼要、分工明确。电台总编室、研发中心作为承担宣传管理任务、制定电台发展战略的核心部门，有着纵观全局的高度，适合作为广播节目评估体系的推动者和执行者。它们要承担评估方案的拟定任务，包括指标体系的建立、评估方法的选取、评估结果的应用等，并最终报电台领导班子研究确定。同时，总编室或研发中心还要负责评估体系的运行，包括组织听评员、领导和专家监听节目、各项评估数据的收集汇总、评估结果的计算、评估报告的编制、评估研究的开展、评估体系的管理等，以及运行中根据实际情况和需求对评估体系进行的一些调整工作。以总编室或研发中心为中心，其他相关部门，包括人事、广告、财务、技术、各系列广播频率等，要为评估体系提供评估所需数据和资料，并提出建设性改进意见。此外，电台还要雇用社会收听率调查机构，为评估体系提供客观、精确、科学的收听数据、满意度调查数据，以及专业的分析报告。

总而言之，评估操作体系在评估过程中必须做到“公开、公平、公正”，评估流程科学、合理、透明，确保评估结果可靠、可信、可用。

五、节目评估应用体系

节目评估应用体系是对评估结果的管理、应用和研究，是节目评估体系的出发点和归宿。得到评估结果不是最终目的，如何应用评估结果实现宣传效能的最大化，弘扬社会主义主流价值观，提高公众审美品位，优化电台节目和频率资源配置，改进节目编排，提高节目质量，促进品牌战略的实施，建立科学激励机制，改革管理模式，提升广告经济水平等才是评估的最终目的。

（一）发挥好“喉舌”功能，弘扬社会主义核心价值观

当今社会的主流价值观就是党的十六届六中全会提出的社会主义核心价值体系，即：“马克思主义指导思想，中国特色社会主义共同理想，以爱

国主义为核心的民族精神和以改革创新为核心的时代精神以及社会主义荣辱观”，这是我们整个社会和民族的精神支撑。广播媒体作为政府的喉舌，必须用社会主义核心价值体系引领社会思潮，营造积极健康向上的主流舆论氛围。要发挥广播媒体普及面广、公信力强、认可度高的优势，弘扬主旋律，唱响正气歌，在全社会大力弘扬爱国主义、集体主义、社会主义思想，宣传以诚信意识为重点的“四德”品质和道德模范的感人事迹，弘扬中华传统文化，传播人类现代文明，在全社会营造积极向上的文明风尚。

作为广播节目生产制作导向的节目评估体系，通过纳入听众评价、领导专家评价多指标，采取节目加分和“一票否决”等方法，将广播节目的社会效益放在首要位置，强调了其政治属性的重要性。通过评估体系的规范，使节目的生产和制作能够按照一定规则进行，使“唯收听率”、唯产业属性的生产模式难以为继，使弘扬社会主义核心价值观的优质节目脱颖而出，实现了社会效益和经济效益的统一和双丰收，有利于我国广播事业的良性竞争、社会先进文化的传播与和谐社会的构建。

（二）提高节目质量

第一，末位淘汰。无论采用哪些评价指标，选用哪种评估方法，节目评估体系最终都是根据节目在经济效益和社会效益两方面的综合表现，得出每个节目的量化评估结果。收听率和广告吸纳表现均出色的节目，评估成绩会名列前茅，而收听率低、创收能力低下的节目自然排名靠后甚至垫底。末位淘汰办法就是将所有节目按评估结果排名，对排名靠前的节目给予一定奖励，同时在资金投入、人员配置等方面给予一定政策倾斜；对排名靠后的节目或栏目采取限期整改或停播的强制措施。通过这种办法，鼓励优秀节目精益求精，同时督促排名靠后、品质差的节目查找原因，进行整改，或是用新节目或更好的节目将它淘汰掉。长此以往，电台优秀节目数量将不断增加，劣质节目数量将不断减少，从而提高电台整体节目质量和竞争力。

中央电视台作为广电行业的领军人物，在节目评估方面起步较早，进行过大量研究和实践。央视节目评估体系于2002年推出，评估体系过对全台栏目进行分类，对影响节目质量的因素进行全面排查，确立以客观评价、主观评价和成本评价作为栏目评价的基本指标。通过对三项指标进行科学的权重修正，最终形成“三项指标，一把尺子”的评价体系。评估体系根据评估结果，对排名靠后或综合表现下滑明显的栏目给予警示，在年底确定年度淘汰栏目。经过多年实践，表现不佳的节目纷纷遭到淘汰，保留下来的节目基本上属于优质节目，央视节目整体质量不断提高。2011年7月，央视新版节目评估体系《中央电视台栏目综合评价体系优化方案暨年度品牌栏目评选办法》开始正式实施，在节目评估工作上开始了新一阶段的改进和创新。

第二，以质论价。指根据评估结果，按照评估成绩高低来分配各频率、节目投入经费和个人收入的措施。

在节目方面，电台对每次评估排名靠前的节目，给予节目组人员一定奖励，各系列频率以本频率内部节目排名作为绩效考核和奖金分配的参考依据；每年年底，电台依据节目年度评估结果，在评优等活动中对成绩优异者予以奖励，并对节目组人员在再教育等方面给予优先考虑。

在频率方面，电台对每次评估排名靠前的频率给予提高奖金的奖励，对排名靠后的频率则降低奖金系数。同时，依据频率年度评估成绩，对排名靠前的频率在年度投入预算等方面给予政策倾斜和奖励。

依据评估结果对节目和频率的奖惩，提高了节目制作人员的积极性，使频率管理者和节目制作人员形成合力，以提高节目质量为目标共同努力，从而实现提高电台整体竞争实力的目的。

（三）协助品牌战略的实施

广播媒体在国内唯我独尊的时代早已一去不复返了，如今，面对新媒体和电视媒体的冲击、媒体市场的不断膨胀、受众媒体选择范围的不断扩大，媒体过剩、供求失衡已成必然。在媒体过剩的时代，广播要生存发展，必须具有强劲的竞争实力，而实现这一目的的有效途径就是实施品牌战略。

广播节目的品牌标志着竞争力、吸引力、亲和力和信任度，其品牌概念涉及三个层面：一是知名度，二是相对独特的风格和特点，三是相对稳定的质量和标准。广播节目品牌战略就是要不断突破收听市场份额，不断扩大节目的知名度；找准节目定位，细分受众市场，以个性化的服务和特色内容抓住目标听众；不断根据市场变化和听众需求调整节目风格和内容，在较长的时期内牢牢占据市场主导地位，维持听众群稳定性。

节目评估体系在电台品牌战略的实施中同样发挥着重要作用，结合以上论述，可以从以下三个方面科学、合理地应用评估体系，加速品牌战略目标的实现。

第一，应用评估体系扩大受众规模。广播节目市场指的就是听众注意力资源，不拥有成规模的听众资源，就意味着节目在社会上没有影响力，未被社会所认可。作为一个品牌节目，拥有相当的受众群、覆盖率和知名度是最基本的要求。节目评估体系对节目各方面的评价包括了对节目在收听市场表现的考核（节目收听率的高低）和听众收听感受的考量（满意度调查和主观评议）。通过加入收听率指标和听众收听感受的考察，促使节目制作人和频率关注收听市场和节目品质，在节目生产时明确目标，不再孤芳自赏、自娱自乐，而以不断扩大收听影响、尽可能争取更多听众收听本节目为方向，从而提升节目的品牌效应。

第二，应用评估体系规范节目和频率定位。品牌节目除了要争取尽可能大的听众规模、尽可能高的社会影响力外，更重要的是要具有独特的风格和特点，能够和其他普通节目区分开来。要实现这一目的，品牌节目必须有明确定位和目标受众。所谓目标受众，是指媒介传播活动中特定内容的诉求对象，即广播节目希望吸引到的特定人群。通常，把广播听众按照性别、年龄、学历、收入和职业分成5个大类，每个类别再细化成若干小类，如按学历又可以把听众分为小学及以下、初中、高中/职中/中转/技校、大专、本科、研究生及以上等6个小类，广播节目的目标人群就是按照以上分类，选择其中一个小类或若干小类的组合。如某档摇滚音乐节目的目标听众是20~30岁的年轻听众，而另一档怀旧类的音乐的目标听众是20~40岁、学历大专以上的听众，等等。节目评估体系通过设定目标听众收听率、频率定位契合度等指标，督促节目和频率明晰自身定位，找准目标人群，并按照目标人群收听习惯进行节目的生产和编排，使节目的风格和定位符合目标人群收听需求，在目标人群中的影响力最大化，从众多节目中脱颖而出，实现节目的品牌效应。

评估体系在节目和频率定位上的作用还能够减少不同频率的节目间同质化的现象，实现差异化竞争，使收听市场的每个“角落”都能被覆盖到，从而实现电台社会效益和经济效益的最大化。

第三，应用评估体系增强品牌节目适变性。品牌节目的打造不是一蹴而就的，而是一个长期精心经营和打造的过程，品牌的维持和延续更是需要几年甚至几十年如一日的努力。随着社会的不断发展和变化，收听市场和听众需求也在不断变化。作为品牌节目，变是绝对的，不变是相对的，它在内容和形式上必须能够不断适应社会发展和收听需求的变化，能够让听众在社会发展的每个阶段都能收获较好的收听体验和满足感，这也是衡量一个广播品牌节目的重要标准。

同样，评估体系也是一个动态变化的系统。电台根据自身所处不同发展阶段的不同需求，通过对评价指标、修正系数、各个指标权重的调整实现对评估体系所要实现目的的调整，以适应不断变化的市场和听众的要求。动态的评估体系督促着频率和节目也要相应地调整节目生产方向和管理模式，在内容和形式能够上不断适应评估体系的要求和社会需求的变化，从而节目的适变性得到了增强，品牌节目得以延续十几年甚至几十年。

综上所述，评估体系是电台品牌战略的催化剂，是生产系统自我诊断和免疫的途径，是品牌节目良性生长和可持续发展的手段。

（四）提升电台广告经营水平

很多电台在广告经营活动中，广告定价的环节大多参照广播时段制定，在总体收听率较高，即听众规模较大的时段，通常被称为广播的“黄金”时段，广告的时段价格较高；在总体收听率较低的时段，广告时段价格也相应的较低。从全国来看，通常在一天中会出现三到四个黄金时段，普遍分布在早上、中午和傍晚的上下班期间，有的地区还会在晚间出现第四个收听高峰。但这样的时段资源毕竟是有限的，如果仅围绕这些常规意义上的黄金时段努力，电台的广告经营很难有突破。

现今的广告行业，广告主已不再关注节目的总体收听率的高低，因为总体收听率只能反映节目在整个收听市场的情况，不能反映他所关注听众群的情况。对广告主来说，服务于和广告产品消费人群特征一致的听众的节目，显然比服务泛泛人群的节目更有价值。而不同特征的听众有不同的收听习惯，这意味着不同特征的听众一天中收听的黄金时段是不同的。例如对老年听众来说，由于睡眠时间短，很多人早上5点多就起床开始收听广播，他们收听的黄金时间就开始得比较早；而对学生来说，通常在一天紧张的学习任务结束后的闲暇时间收听广播，在晚上20点后出现全天的收听高峰。对于产品消费对象是老年听众或学生听众的广告商来说，电台可以将老年听众和学生听众特有的收听黄金时段的广告价格提高，广告主因为“物有所值”也会欣然接受，相应时段的广告价值得以物尽其用。因此，电台在广告经营中必须改变围绕高收听率时段做文章的导向，要根据广告主需求确定节目服务人群，通过市场调查对所服务人群的收听行为和收听习惯进行研究和分析，指导节目的定位，培养广告主最感兴趣的人群，降低广告有效千人成本，使广告主所花的广告费物有所值，从而提升电台的市场竞争力和广告时段价格，达到双赢的目的。[39]

作为指导节目生产的评估体系，在确保节目弘扬社会主义精神文明、收获较好的社会效益的同时，也要通过科学的方法和途径，提升节目的市场表现，提升电台的经济效益。评估体系通过设定目标听众收听率、频率定位契合度等指标，督促频率和节目进行思考：是为哪些听众服务的？是为哪些广告主和哪一类产品的消费人群服务的？在明确了服务对象后，评估体系会按照其各自定位进行考核，看节目最终是否很好地服务了定位听众，节目制作人员也会根据自己定位人群的收听习惯和收听需求进行节目的生产和编排，使节目的收听表现与目标人群收听的黄金时段相吻合，以取得较好的评估成绩。这一过程把具有相同人口学特征的听众紧密地聚集在一起，为电台根据不同细分人群、不同产品的广告主制定广告策略，提高时段广告价格、开展差异化广告经营提供了条件，保障了电台广告经营健康、持续、快速的发展。

（五）变革电台经营管理模式

由于长期形成的体制习惯，国内多数电台目前仍然存在资源分散、效率低下、政企不分等问题。对于广播是属于一个附属于行政系统的子系统，还是一个服务公众为己任、非营利性的公共服务行业，还是一个应该引入企业竞争机制、按照市场经济原则运转的自由经营产业的角色存在模糊不清的概念，[40] 在人力资源管理、资源配置、绩效考核、财务管理等方面还缺乏科学的管理方法和制度。节目评估体系的建立，为上述问题提供了新的解决思路和科学依据。

首先，节目评估体系是建立在兼顾节目的社会属性和经济属性的基础之上的。评估体系既对节目在社会主义精神文明宣传、提供精神文化享受的服务功能上进行科学量化的考核，又对节目按照市场规律运行、实现良好经济效益的产业属性进行精确合理的考量，使两个属性既不产生矛盾又能有机结合，保障了电台两手抓、两手都硬的管理效果。

其次，节目评估体系为电台人事、财务管理提供了科学合理的依据。评估体系考察节目方方面面的表现，综合了主客观评价指标的成绩，并形成量化结果，使得不同类型、不同播出时段、不同信号覆盖范围的节目可以放在一起进行公平的比较和排名。这种评价方法使优秀节目能够脱颖而出，并得到优厚的待遇和资源倾斜，形成良性循环的发展；劣质节目被淘汰出局，降低电台“不良”资产的比例，使资源朝着生产率高的方向流动。这种正向激励机制，使人事绩效考核、节目和频率资源配置能够做到有据可查、科学合理。

此外，评估体系中还加入了投入产出比的指标。在以往计划经济体制下，各级广播电台主要承担新闻宣传的职能，电台的管理主要指新闻宣传的管理，一切以完成新闻宣传任务为目标，经费支出多少不是主要考虑的问题。现今，随着我国市场经济的不断完善，广播产业在越来越激烈的媒体竞争中逐渐处于弱势地位，生存压力巨大，引进现代化企业管理方法来增强广播媒体竞争力，提升广播产业经济效益已成为刻不容缓的事情。投入产出比的引入，使电台能够对单位时间内广播节目消耗的成本进行核算，对同质节目进行成本对比，帮助电台分析成本投入是否合理，增加经济效益好、成本低的节目，使高成本节目找出问题，降低节目生产成本。同时，投入产出比的引入能够强化频率管理者和节目制作人员生产过程中的成本控制意识，找出哪些支出属于正常的，哪些支出是不合理的，将不合理支出去掉，提升每个节目、每个频率的经济效果，从而提升电台整体经济效果。

第三节　节目评估体系存在的问题

广播节目评估体系发展到现在，从评价指标的采用、收听率和满意度等客观统计数据的采集、听众和专家主观评价结果的量化、评价指标的数学处理方法、到评价结果的动态应用等，各方面的理论和实践都在日趋科学和完善，节目评估体系在电台运营中的重要性也越来越凸显。尽管节目评估体系的理论和实践方法发展至今已有了长足的进步，但距离严格意义上的精确性、科学性和合理性还存在一定的差距；评估体系的功能还存在很大局限性，如缺乏对节目的播前预判、缺少广播节目在新媒体领域的影响力等方面的评价功能等，下面就一些具体问题展开论述。

一、评价指标数据的采集、处理有待完善和规范

评估体系中许多主客观评价指标的数据需应用统计学方法，依托受众调查或其他社会调查来采集，如收听率、满意度等。但是由于目前收听率调查网络还不健全，社会调查机构的权威性和规范性还不够，缺少第三方监督机构，调查测量方法还存在许多局限性等原因，使调查数据的可靠性、科学性和精确性存在很大不足，受到广播从业者的质疑，这对节目评估产生的效果和进一步的发展产生一定的影响。

（一）评估数据的精确性

1. 收听率调查数据的精确性

首先是样本设置的科学性。目前的收听率调查大多以城市样本为主，即使样本中包括农村样本，这些样本大多数也处于城市郊区或近郊的位置，且大多数已不在以务农为主业。这种样本设置模式对于定位城市听众为主的市级电台可以适用，但对于信号覆盖范围遍及全省或全国的省级或国家级电台来说，由于农民听众在整体听众中占有非常大的比例，因此调查不具有代表

性或代表性不强，调查结果也存在一定误差。

其次，收听率调查的技术和方法也存在很大局限性。目前对收听率调查的方法主要有两种，分别是日记法和仪器测量法，但两种方法都存在不足之处。

日记卡法调查通常费用较低，为绝大多数电台所采用。目前这种方法调查的最小时间单元是15分钟，如早上6：00至7：00间存在4个调查单元，分别是：6：00：00至6：14：59，6：15：00至6：29：59，6：30：00至6：44：59，6：45：00至6：59：59，即样本每15分钟记录一次收听的情况。当样本在某个收听单元收听某个广播频率的时长大于等于7分钟时，才能在相应的收听频率上进行记录，表示收听了该频率的节目。但是，广播节目有长有短，有的节目整点播出，每次5分钟，如果按照日记卡方法统计，节目的收听率只能是0；节目起始时间也各有不同，如某个节目从6：10开始，到6：40结束，跨越3个时间单元，但有效调查的时间单元只有6：15：00至6：29：59，调查结果比节目的实际收听表现要低很多。另外，现今流动听众对广播的重要性越来越明显，由于流动听众收听广播的时间普遍较长，听众本身的“含金量”较高，这部分人群已成为各级广播电台的主要争夺对象，对这部分听众收听需求和收听习惯的了解成为电台关注的重点。由于流动样本的特殊性，无论是驾车样本，还是在拥挤的公共交通工具上的样本，都不可能像在家中收听广播那样，能够及时、从容地记录自己的收听情况，大部分流动样本只能靠事后回忆来填写日记卡，这样对评估结果的准确性会产生很大干扰。

采用仪器测量法进行收听率调查在国外已有成功的经验，阿比壮（Arbitron）公司研发了便携式人员收听测量仪PPM（portable people-meter），PPM大小和传呼机类似，里面输入了样本的个人资料，由样本随身携带。PPM可以接收到调查公司在广播电台配合下加载在广播中的一个特别的电子信号，当样本收听广播时，PPM就将收听的电台、时段和节目名称等资料记录下来，这些记录下来的资料在PPM每天充电时，通过充电器回传给调查公司。由于这种调查方法减少了各种人为环节并采用了最先进的仪器技术，无论对入户样本还是流动样本来说，都是目前最为精确和准确的收听率调查方法。但这种方法也存在一些问题，如非主流电台频率等没有得到配合加载电子信号的频率将不能被识别，它测量的只能是主要频率的收听行为。虽然PPM有众多的优点，但由于这种调查方法成本较高，同时要求电台对播出设备进行一些改造，出于安全播出等原因，一直未能在国内得到应用。

目前国内所采用的仪器测量方法和PPM不同，使用的是具有记录听众收听行为和通过无线网络回传收听数据功能的收音机设备，样本只有在使用本设备收听广播时，收听情况才能被记录下来，通过其他设备收听或被动收听的情况下是没有收听数据的。这种测量方式的优点是无需在电台播出设备上进行任何技术改造，能记录所有广播频率的收听情况，实现方法较简单，而且成本比PPM低廉，但比日记卡调查昂贵；缺点是只能使用调查设备收听广播，对于喜欢通过汽车音响、家用音响收听广播的听众来说会很不适应，甚至虽然打开记录设备，却仍然使用音响收听，从而导致数据失真，调查结果不准确。

无论采用日记卡还是仪器进行调查，都需要样本给予高度配合，因此不可避免地会产生人为因素引起的误差，如日记卡样本应付差事，在上交日记卡前匆忙填写交差，仪器测量样本打开广播后就去忙其他的，根本没有收听行为等，这些容易造成数据的失真。并且，仪器存在故障的可能，一旦发生故障，或没有及时充电，数据就会丢失，并且无法弥补。

2. 满意度调查过程中的误差

目前的满意度调查存在三个方面的问题。第一个方面是调查工作量大导致调查周期较长，时效性不强。目前国内广播电台的满意度调查有按季度进行的，也有不定期进行的。为了提高调查效果，应当改进调查方法、提高调查效率，使调查周期尽可能缩短。这样一来避免受众记忆失误导致的偏差；二来紧贴节目发展，及时根据受众反应对节目做出针对性的调整；三来可以为收听率的短时变化提供更多分析思路。

第二个方面，在进行节目的满意度调查时，由于一次调查的节目数量较多，加上受访者回答时的偷懒习惯，受访者回答的仅是经常收听的节目，即受访者比较满意的节目，导致对不满意的节目的不满意的评价被削弱，使得满意度调查倾向于满意的听众的调查。对此，应在尽量减少单次调查节目数量的基础上，采用配额控制、增强追问力度，对调查节目进行逐一访问，使满意和不满意的评价都能搜集到。

第三个方面，必须看到满意度是个主观的评价，其中必然包括很多的因素，比如说受访者微妙心理因素的影响。调查显示，中国人会揣摩调查者的心态，给出一个标准答案而不是心中的真正想法，从而满意度调查结果往往都是让人满意的，这就掩盖了一些事实，也违背了广播电台进行满意度调查的初衷。

3. 社会调查过程中第三方监管机构的缺失

无论是收视率调查还是满意度调查，都存在两个方面的问题。第一个问题是抽样问题。关于抽样，不少数理统计和调查方法的教科书上都有章可循，关键在于是否能够严格按照科学的方法来实施。科学的抽样要求样本必须具有代表性，能够涵盖各种年龄、学历、收入和职业的听众。调查时，需要样本高度配合，投入相当的精力来完成日记卡或问卷。这对于一些社会地位较高、收入较高、工作压力大和社会活动较多的听众来说，很难抽出时间配合调查，更不会在意调查机构给予的奖励。另外，在调查员进入住宅小区入户抽样的时候，一些高档小区根本无法进入，这些问题的存在不能不让人对调查机构抽样结果的代表性产生一些质疑。

第二个问题是数据质量控制问题。由于目前收听率调查过程透明度不高、样本户需要保密、数据处理处于“半透明”状态，电台无法倒推结果和原始数据间的关系，也无法追溯数据源头来考察数据的真实性。与收听率调查一样，收视率调查也面临同样的问题。2010年7月，人民日报发文，谴责收视率造假问题，并呼吁行业监管机制的建立，在广电行业和社会上引起巨大的反响。这说明收听率、收视率数据的真实性、可靠性仅靠调查机构的自律和承诺是不够的。要改变这种状况，除了建立一套科学完善的操作规范外，还需致力于建立公正、客观、有效的监督机制，引进行业和社会力量，建立由业内人士、学者专家和与这个行业没有利益瓜葛的资深人士组成的用户委员会，或类似美国 “媒介视听率委员会”一类的机构，在满意度调查中，也可以参考香港组建“电视节目欣赏指数调查顾问团”的经验，以此保证收听率调查和满意度调查结果的准确性和可信度。

4. 专家、领导打分的缺陷

专家领导为节目打分存也在两个方面的问题。第一个方面是听评领导、专家的人员构成问题。节目评估要求对电台所有节目（至少是所有自办节目）逐一监听和打分，而目前一般电台动辄就有上百个节目，即使分成若干小组，听评的工作量也非常大。对于仍然在岗、在传媒行业和电台起着骨干作用、工作压力和负荷都很大的专家和领导们来说，无疑是雪上加霜，难以投入较多的精力从事这项工作，对听评结果的准确性会产生一定影响；对于已退居二线的专家来说，虽然他们有很强的责任心、政治素质高，也能保证足够的精力从事这项工作，但由于退休专家的年龄结构偏大，对广播传媒经营往往形成了固定的思维定式，与现今竞争激励、瞬息万变、节目生命周期不断缩短、对节目个性化创新要求不断提高的现代广播发展理念存在一定距离，在节目评价中容易造成评价失衡。

第二个方面是听评方式问题。目前电台采用较多的听评方式分为两种：一种是集中听评，即专家、领导聚在一起，在一个房间审听节目，审听结束后，针对节目展开讨论并打分；第二种是分散听评，主要是利用收音机或因特网自行收听，撰写听评意见并打分，通过电子邮件或信函的形式，将打分表和听评意见递交电台负责听评的部门，由该部门进行汇总和计算节目的听评成绩。对于第一种方式，由于要求所有参与听评的专家和领导在同一时间集中在一起，且听评过程通常要耗费很长的时间，而领导和专家因各项原因，如出差、考察等，很难找到这样一个大家都有空、很长的时间，因此组织难度和实施难度都相当大，往往是一些专家或领导不能到席，找人代替听评，这使听评结果的准确性和权威性都打了折扣。由于集中听评的时间有限，并不是每个节目都能得到每个与会专家和领导的点评，且某个专家或领导在听评会上发表的意见会影响到其他听评人员的想法，甚至出现“一言堂”的现象，对听评结果产生影响。第二种方式较第一种更为灵活，专家和领导可以根据自己的时间见缝插针地安排听评的工作，时间上有保证，也避免了相互间的干扰，评价意见独立、客观。但工作经验告诉我们，大多数人，包括领导和专家在内，在工作中都会出现两头紧、中间松的现象，即开始工作抓得比较紧，到了中期的时候进度就会慢下来，最后到交差的时候又会赶工。由于分散听评不像集中听评那样，对专家和领导的听评过程全程有监督，因此往往会出现到了快提交听评结果的时候，一些专家和领导匆忙地打分、评价，甚至转交给下面的人完成这项任务，听评结果的可靠性难以得到保证。

因此，无论是集中听评还是分散听评，电台都必须采取一些措施，既能保证领导和专家有充分的时间完成听评工作，又能保证听评过程有合理的监督和管理，确保听评结果的可靠性和权威性。

建议在电台听评人员构成中纳入新闻传媒相关专业的在校研究生或博士生，这部分人员年轻、精力足，较领导和专家来说，个人可支配时间更充分，能保证充足的时间进行评估工作；这部分人研究的方向都和传媒行业紧密相连，吸收着最新的行业发展理论和东西，具有创新性的思维，对广播节目的发展具有前瞻性的眼光；电台聘请在校学生的成本较聘请专家要低得多，对于学生来说，也会珍惜这样一个勤工俭学和参与传媒行业相关实践的机会，且学生人数众多，可以不断轮换进行听评，在保证听评结果客观科学的同时，也便于选拔优秀的学生作为电台的人才储备。

（二）指标处理的科学性

除了部分指标的原始数据在采集过程存在一些问题外，即使原始数据全部是真实可信的，在对数据加工处理时仍然存在诸多问题。

1. 节目加分情况

对于政治性和公共性节目，由于其担负着政治宣传、公民教育的重任，这类节目内容的严肃性和受众的对象性往往使其很难达到较高的收听率；还有一些节目是电台从全局出发，根据宣传、创收策略的需要，以牺牲收听率表现为代价来换取电台整体发展目标的实现。评估体系一旦实施，这些节目的评估成绩必然会受上述原因的影响，甚至要淘汰出局。为了避免这种情况的出现，只有通过节目加分等方法，人为“拔高”这些节目，让它们继续运行下去。虽然这种做法无可厚非，但是评判哪些节目可以加分的标准是主观制定的，没有科学理论可以依据，在评估实施过程中，是否能够严格把关，确保确实需要加分的节目才能得到“关照”，这些问题都存在很大争议。

2. 指标权重的设置

由于评估体系指标众多，评估结果须综合主客观、社会效益和经济效益等多个指标的结果，必然存在一个权重分配的问题。哪些指标应占高一些的权重，哪些指标的权重要低一些，目前还是以主观经验判断为主，这种方法具有如下优点：最终确定权重的是电台领导或业务骨干，熟悉广播经营和电台发展实际情况，考虑问题全面，有较强的针对性；由于确定权重的大多为电台领导或业务骨干，具有一定权威性，便于迅速推进节目评估工作的进展；方法简单，便于操作，一旦发现哪个权重不合适，可以迅速进行调整。缺点是凭主观判断，缺乏客观理论依据，很难做到科学合理的程度。

除了凭借主观经验确定指标权重外，还有很多统计学方法可以采用，如德尔菲法、层次分析法、因子分析法等，这些方法要求使用人员具有一定的工科和数学理论背景，熟悉它们的操作流程和计算方法。由于电台擅长这些数学理论的人才还比较少，即使有意愿采用这些方法，在推广应用的过程中，解释起来颇费力气，还不一定能够得到大家的理解和认同，不如主观经验判断的方法较易引起大家的共鸣，因此这些方法在广播行业还未得到广泛的应用。

3. 收听率修正系数的科学性

在计算节目收听率表现时，对调查公司提供的收听率数据有必要进行播出时段、信号覆盖和节目类型差异的修正，以确保播出时段不同、信号覆盖范围不同和类型不同的节目能够放在一起公平比较。

首先讨论播出时段修正系数，其修正思路是：对一天当中听众规模最大时段播出的节目不予修正，即修正系数为1；对一天当中其他时段播出的节目，按照其听众规模大小给予不同系数进行修正，但都大于1；听众规模越小的时段，修正系数越大。通过这种方法，消除播出时段不同对节目收听率造成的影响。这种修正方法只能说是接近合理的修正方法，因为听众一天中的收听需求并非一成不变的，如早间收听高峰时段，人们对新闻类节目最感兴趣，而到了晚间下班时段，人们对交通路况、音乐欣赏类节目较感兴趣。同一个新闻节目，放在早间高峰时段播出的收听表现一般要比晚间下班的收听高峰时段要好，但两个时段的收听率修正系数一般情况下相差无几，这意味着虽然进行了播出时段的修正，同一个节目在不同时段播出后的修正结果很可能出现一定差异。目前国内一些电台采用单一占有率指标考核节目的收听表现，对同一档新闻节目来说，由于早间关注新闻的听众较多，占有率自然较高，而放到晚间，关注的人少了，占有率必然较低，播出时段不同导致节目收听表现不同的情况会更加明显。

节目类型修正也存在很多问题。节目类型修正是修正不同类型节目吸引听众规模不同的问题。有些节目，如新闻、音乐、社会服务是大众喜闻乐见的节目，听的人自然比较多，而外语、财经节目因定位人群较窄，收听表现必然比不上新闻、音乐类节目。其修正思路是：听众规模（通常用平均收听率考核）最大的一类节目不做修正，即修正系数为1；其他类型的节目，按照该类节目听众实际收听规模大小给予不同系数进行修正；实际收听人群越多的节目，修正系数越低，但都大于1。

这种修正方法也只能说是接近合理的方法，也存在诸多方法的问题。首先，目前国内还未就广播节目分类问题形成统一标准，各个省市级电台进行节目分类时无“法”可依，只能根据各自情况酌情处理。即使存在国家标准，鉴于广播行业发展现状，类型化广播体系还未成熟，除新闻、音乐、戏曲类较易类型化运作的频率外，大多节目还是“大综合”形态，某个节目具体归到哪一类，模棱两可，很难定论。如全国很多电台都成立了交通类频率，以驾车听众等流动人群为服务对象，节目中有路况播报、流行音乐、交通法规等内容，有时一档节目仅是在音乐中插播一些路况信息，音乐能够占到70%或以上的比例，对于这样的节目，应当划为服务类还是音乐类节目，就存在很大争议。归类不同，对节目最终的评估成绩影响巨大。

其次，目前国内各电台在开展收听率调查时，一个地市的样本通常控制在300至500户，而节目分类通常有10类左右，如新闻/时事、文艺、音乐、社交、财经、体育、法制、外语、生活服务、其他等等。节目类型修正系数要根据某类节目实际调查的平均收听率来确定，因此存在较少样本量和较多节目类别的矛盾。对于收听率较高的节目，如新闻、音乐、生活服务类节目，由于收听的样本户多，根据统计学原理，调查结果是可以代表真实收听情况的。但对于窄播类节目，如外语类节目，可能调查中真正收听节目的样本户数不足10户，用这10户的收听情况代表一个城市对外语类节目的收听情况，必然存在较大的误差，依据这样的结果对外语类节目进行修正，误差自然很大。实际操作中，国内很多电台将节目类别进行了整合，划分为几个大类，如新闻、生活服务、综艺、其他等。这样分类可以缓解样本量少的问题，但因为仅根据这几个大类对节目收听率进行修正，小众节目同样无法得到合理加权。要根本解决这一问题，只有加大调查投入，成倍增加样本数量，这对电台的资金实力又提出了更高要求，电台还要权衡得失，综合性价比后决定。

涉及指标修正的问题还有很多，如品牌节目对前后节目收听表现的影响、同一节目在不同频率播出的表现不同、同时段竞争频率表现不同对节目收听率的影响、节目音效好坏对收听表现的影响等等。要完全消除上述所有影响因素，必然要引入更多的修正系数和修正方法，会大大地增加评估体系的复杂性和可操作性，甚至出现顾此失彼、评估体系无法推行的局面。因此，广播从业者应当清醒地意识到，评估体系不是万能的，公平只是相对的，只能是尽可能地接近合理、公正。

4. 经济效益的先天差异

对不同节目和频率来说，由于其定位不同，服务的对象不同，因而能吸引的广告主不同，这就造成了节目和频率创收能力的先天差异。如定位驾车听众等高含金量人群的节目和频率对汽车、房地产、金融产品的广告主有较大吸引力，这部分广告的“盘子”较大，吸引这部分广告主的节目和频率容易实现较好的创收效果；而服务农民朋友的对农节目和频率只能吸引农用机械、肥料、化肥等产品的广告主，这部分广告的“盘子”整体较小，很难有较好的创收成绩，因此直接用节目或频率的创收额进行比较有失公允。要解决这一问题，电台可以委托社会调查机构，了解每年主要广告客户在本地域广播广告上投入的大小，以此为依据，对吸引不同广告主的节目和频率给予不同修正系数，用修正后的创收额进行考评。除了上述影响节目和频率创收额考评的因素外，还有其他很多因素也会影响创收表现的评估，如节目所吸纳的广告是这个节目本身的原因，还是前后品牌节目的拉动效应造成的；节目与节目之间的广告应当怎样划分；有些广告是电台营销策略的统筹安排，非节目本身原因所吸纳，节目本身也无法安排其他广告；广告主的投入是否是理性选择的结果；频率广告的创收是频率自营还是采用广告代理制；等等。因此，对节目和频率创收的考核只有做到相对公平，尽可能接近公正合理的水平。

同样，投入产出比的考核也涉及节目和频率创收额的问题，但除了创收额外，投入产出比指标还要考虑到不同节目和频率间投入的差异。以新闻节目为例，一条新闻的播出要涉及新闻线索采集、记者采访、撰写稿件、审核、后期编辑和制作、播出等流程，其中记者采访和稿件编审通常要投入大量人力来完成，而一档音乐节目的播出就省去了采访环节，通常一两个人就能完成一档音乐节目的制作，相比而言成本要低很多。因此，考核节目或频率投入产出比时，要尽可能消除不同类型节目先天投入的差异后再进行。以新闻和音乐节目来说，可以在剔除掉新闻节目在采访部分的成本后，再与音乐节目比较。

二、节目评估重播后、轻播前

节目评估大体分为两种，一种是对节目质量进行评估，另一种是对节目传播效果进行评估。节目效果评估又分为播前评估和播后评估。播前评估属于预测性的，是对节目运作目标的事前预判，预计它会产生什么样的回报收益，有什么样的品牌效果；播后评估则属于反馈性的，是对节目播出后实际达到的经济效益和社会效益的综合评价。

播前评估要对节目质量（或价值）因素进行评估，即对节目播出后可能实现效果的致效因素的评估。目前我国各级电台的评估体系并无这一功能，基本上都是节目播后的效果评估。考核不等于评估，评估也不仅仅局限于考核。考核更多的是看重结果，评估则更偏重于对状态、品质、发展前景等监测、监控性指标的评判。目前国内电台的节目评估方式只是评估最基本、最初级的应用，一旦进入节目的创新策划、发展战略的研究决策等领域，就会感到播后评估体系的无能为力，尤其是在做一些需要预判的决策时，会感到无助和迷茫。[41]

借鉴国外先进经验，美国作为世界上历史最悠久、最具效率的商业电视王国，在播前评估方面具有较成熟的经验和做法。美国的电视节目播前评估旨在为节目定价、交易、购买和编排提供依据，帮助节目买卖双方“各取所需”，实现双赢，是一种节目市场机制。播前评估涉及客观和主观两方面，其中客观方面是指对节目和演职人员的一些客观描述和市场预判，包括节目在不同市场上的收视率数据、观众特征、播出时段、发行量等表现；主观分析则指电视机构相关人士将客观资料与电视机构的预期目标进行比照后，就是否购买和在什么时段播出作出决策。美国商业电视机构还采用一种被称为“小安妮”的节目分析系统，预测一个节目收视情况。当受试观众在观看样片的同时，记录下他们的情绪反应及其强度，研究人员将观众反应绘成曲线，通过观察和分析，对节目可能的收视情况做出判断。据说，这套评估方法在预测节目收视表现方面有一定的准确性。

作为弘扬社会主义核心价值理念的中国广播媒体，在节目评估中不可能完全效仿国外的纯商业化运作模式。除了在节目经济效益播前预判的做法上可以借鉴国外经验外，还要对节目可能产生的社会效益进行预判，确保节目具有正确的舆论导向、能够弘扬主旋律、营造健康向上的广播文化氛围。

科学完善的播前评估是广播行业市场化的自然体现，尤其在制播分离机制下，是节目进行合理有效的生产、定价、购销和编排的必然要求。电台只有这样做，才能进一步规避经营风险、降低成本、避免资源浪费，尽可能实现传播效益的最大化。[42]

三、评估投入和人才的不足

节目评估的实质是对节目传播效果的评价和考察，而实现科学评价和考察的途径则要依托多种社会学科的知识和理论，主要的有传播学与调查统计学。此外，还涉及信息论、系统论、管理学等学科。因此，电台要能够充分地驾驭好节目评估体系，拥有熟悉以上学科、具有一定专业水平的人才是关键。

近年来的调查显示，我国现有广播从业人员中，具有大专和本科以上学历的职工占到了总人数的90%以上，拥有硕士甚至博士学历的人才也在逐年增加。乍一看，似乎广播从业人员的文化程度较高，电台中人才济济，但从他们所学专业来看，能发现绝大多数都是新闻、中文、法学、历史等文科专业，节目评估体系所需的统计学专业人才却寥寥无几，尤其是对收听率调查理论和知识熟练掌握的专业人才更是匮乏。这种人才结构造成的结果就是调查多而研究少，这在电台的收听率应用中尤其明显。

收听率数据是按一定周期周而复始地提供给电台的，调研机构所提供大都是原生态数据，如收听率、占有率、到达率等，随数据提供的分析报告由于篇幅有限，从原生态数据中衍生的指标分析很少，和电台需求相比是远远不够的。例如同质节目和频率竞争格局分析、频率定位分析、电台优势分析等，都需要从原生态收听数据中，通过数学公式和方法分析、计算出来。可以说每次收听率调查结束可以研究的内容都是海量的，数据分析人员不仅要能够知道海量信息如何产生，还必须能够从中发现和挖掘出最有价值、针对性最强的内容用于节目生产、频率运行和电台决策。由于专业人才的匮乏，电台对收听数据的二次分析和深度研究很少，在收听率数据与利用数据进行传播决策之间，缺少中介环节。既缺少对原始数据的吸引、消化并结合相关因素进行的分析研究，又缺少具有媒体知识背景并熟悉收视率及其系列指标的分析策划人员，以至投入大量资金获得的数据未充分利用便被弃之一旁。这不仅使许多亟待解决的市场竞争问题无法从数据中求得及时帮助，也无助于正确决策的制定。

除了人才力量的不足外，国内大多数电台在节目评估工作中还存在资金不足的问题。

节目评估体系中，许多评价指标的数据来自社会调查机构或电台自己组织的评价机构，如收听率、满意度数据，社会听评员和专家的听评结果等，这些都要电台支付相当的费用来获取。尤其是收听率调查，还分为365天调查、月度调查、季度调查等产品，调查频次越密集，费用越高。另外，调查样本量的大小也影响调查的成本，通常中小型城市每次调查300户，大型城市可以放大到500户，样本量越大，数据越精确，越有利于细化内容的分析，如研究符合某一类特征的听众的收听习惯和收听需求等。对于中央级或省级电台，由于信号覆盖范围大，调查通常涉及多个地市，每次调查的样本量会远高于以上数据，调查的成本居高不下。对于经济状况较好、实力较强的电台来说，能够购买调查频次高、时效性强、样本量大的数据，能够负担高昂的调查费用；对于大多经济实力有限的电台来说，只有在调查频次和样本量上做出妥协，对调查数据的精度和可再挖掘性有一定影响，一定程度上也降低了节目评估结果的科学性和权威性。

四、新媒体对节目评估体系的影响

2012年1月16日，中国互联网络信息中心（CNNIC）公布了《第29次中国互联网络发展状况统计报告》。数据显示，截至2011年12月底，中国网民规模突破5亿，达到5.13亿，全年新增网民5580万。互联网普及率较上年底提升4个百分点，达到38.3%。中国手机网民规模达到3.56亿，占整体网民比例为69.3%，较上年底增长5285万人。家庭电脑上网宽带网民规模为3.92亿，占家庭电脑上网网民比例为98.9%。农村网民规模为1.36亿，比2010年增加1113万，占整体网民比例为26.5%。越是高端人群，接触媒体越多样化；越是年轻受众，对互联网依赖度越深。

从上述数据可以看出，和传统媒体波澜不惊的平稳发展相比，互联网和手机媒体等新媒体发展迅猛，网络媒介影响力继续增长。对广播从业者来说，新媒体和三网融合的发展既是挑战也是机遇，广播节目内容创作和生产的发展空间得以不断扩大，各家电台纷纷建立网站，开通网上实时广播和点播，有些电台还建立了手机广播等，通过网络和手机收听广播的听众越来越多。随着新媒体在广播发展中的重要地位越来越明显，电台对节目在新媒体领域的影响力也越来越重视。但目前的广播节目评估体系中，涉及统计调查的部分还没有纳入新媒体因素的影响，无法反映网络听众的收听行为，而这部分听众恰恰是广播要吸引的“高含金量”听众。因此，怎样将节目和频率在新媒体平台上的表现纳入节目评估体系，是电台亟待解决的一个问题，也是对电台统计调查的一个新的挑战。

借鉴国外在这方面的经验，英国广播公司和我国台湾公广集团都关注新媒体因素对节目传播效果的影响，它们将节目在新媒体平台上的触达率作为一个考察指标，纳入到节目评估体系。其中，新媒体平台主要指互联网和手机，触达率包括网站点击率、链接数等等。另外，英国广播公司在满意度调查过程中，还通过让观众登录到一个安全网站对节目打分的方式，实现对观众使用各种媒介收看节目后的收看感受的调查统计。

现今，通过网络和手机评论广播节目已成为一种现实，网民和手机用户可以对通过传统收听工具、网络和手机收听的广播节目的感受自由地发表意见或评论，真实度较高。基于以上原因，利用新技术研究新媒体对传统媒体的影响因素，研究广播在新媒体领域的发展策略，提升电台节目的影响力和品牌效果，是广播从业者和媒体调查机构当仁不让的责任。

综上所述，广播节目是特殊的精神产品，既有政治属性，又有产业属性；既有社会属性，又有商品属性。节目评估体系要同时兼顾节目的经济效益和社会效益，尤其是社会效益方面，节目必须能够体现社会主义主流价值观，对听众进行正向引导和提升，因此，与国外发达国家重收听率、收视率和利润产出的评价方法相比，我国的节目评估体系无论在指标、架构，还是方法和应用方面都要复杂得多。但是，目前评估体系在许多指标的量化问题上还没有较科学的方法可以解决，如节目的社会效益、舆论导向等。因此，评估从方法的科学性、标准的一致性、测量的准确性等方面都不可能绝对的客观、科学、公正，只能是相对的。

此外，社会不断进步，作为引导节目生产和创新的评估体系也必须不断进行相应的调整，以适应日趋丰富的听众需求和日趋激烈的市场竞争，不断提升社会需求。同时，业界还要多引进新技术新方法、积极进行技术革新和创新，以解决统计调查方法中的新问题，满足对调查精确度提出的新要求，使广播节目评估体系不断完善和提高。总之，广播节目评估体系是现代广播发展面临的一项非常复杂的系统工程，还需业界共同不断地努力研究和探索。

第四章
双重属性下的广播新媒体

广播的双重属性，在当今遇到了新的机遇和挑战。广播只有吐旧纳新，成为一种既能坚持自我优势又能采新技术之长的广播新媒体，才能够凤凰涅槃、浴火重生。

第一节　遭遇新媒体

一、新媒体的定义

新媒体是新的技术支撑体系下出现的媒体形态，如数字杂志、数字报纸、数字广播、手机短信、移动电视、网络、桌面视窗、数字电视、数字电影、触摸媒体等。相对于报刊、广播、电视三大传统意义上的媒体，新媒体被形象地称为“第四媒体”。[43]

对于新媒体的界定，学者们可谓众说纷纭，至今没有定论。一些传播学期刊上设有“新媒体”专栏，但所刊载文章的研究对象也不尽相同，有数字电视、移动电视、手机媒体、IPTV等，还有一些刊物把博客、播客等也列入新媒体专栏。那么，到底什么是新媒体?

所谓新媒体是相对于传统媒体而言的，清华大学的熊澄宇教授认为：“新媒体是一个不断变化的概念。在今天网络基础上又有延伸，无线移动的问题，还有出现其他新的媒体形态，跟计算机相关的。这都可以说是新媒体。”[44]

也有专家提出：“只有媒体构成的基本要素有别于传统媒体，才能称得上是新媒体。否则，最多也就是在原来的基础上的变形或改进提高。”[45]“目前的新媒体应该定义为在电信网络基础上出现的媒体形态——包括使用有线和无线通道的方式。”[46]

还有学者把新媒体定义为“互动式数字化复合媒体”。较之于传统媒体，新媒体有其自身的特点。对此，阳光文化集团首席执行官吴征认为：“相对于旧媒体，新媒体的第一个特点是它的消解力量——消解传统媒体（电视、广播、报纸、通信）之间的边界，消解国家与国家之间、社群之间、产业之间边界，消解信息发送者与接收者之间的边界，等等”。[47]

上海戏剧学院陈永东副教授指出："新媒体是相对于传统媒体而言的媒体及各种应用形式，目前主要有电子菜谱媒体、互联网媒体、掌上媒体、数字互动媒体、车载移动媒体、户外媒体及新媒体艺术等。"[48]

"新媒体是以数字信息技术为基础，以互动传播为特点，具有创新形态的媒体。"新传媒产业联盟秘书长王斌这样解释新媒体。[49]

二、新媒体的特点

以数字技术和网络技术为代表的新媒体，最大特点是打破了媒介间的壁垒，消融了媒体介质之间、地域和行政之间，甚至传播者与接受者之间的边界。具体来讲，新媒体有以下特点：

（一）媒体个性化突出

由于技术的原因，以往所有的媒体几乎都是大众化的。而新媒体却可以做到面向更加细分的受众，可以面向个人。个人可以通过新媒体定制自己需要的新闻。也就是说，每个新媒体受众手中最终接收到的信息内容组合可以是一样的，也可以是完全不同的。这与传统媒体受众只能被动地阅读或者观看毫无差别的内容有很大不同。

（二）受众选择性增多

从技术层面上讲，在新媒体那里，人人都可以接受信息，人人都可以充当信息发布者，用户可以一边看电视节目、一边播放音乐，同时还参与节目的投票，还可以对信息进行检索。这就打破了只有新闻机构才能发布新闻的局限，充分满足了信息消费者的细分需求。与传统媒体的"主导受众型"不同，新媒体是"受众主导型"。受众有更大的选择，可以自由阅读，可以放大信息。

（三）表现形式多样

新媒体形式多样，各种形式的表现过程比较丰富，可融文字、音频、画面为一体，做到即时地、无限地扩展内容，从而使内容变成“活物”。理论上讲，只要满足计算机条件，一个新媒体即可满足全世界的信息存储需要。除了大容量之外，新媒体还有“易检索性”的特点，可以随时存储内容，查找以前内容和相关内容非常方便。

（四）信息发布实时

与广播、电视相比，只有新媒体才真正具备无时间限制、随时可以加工发布的特点。新媒体用强大的软件和网页呈现内容，可以轻松地实现24小时在线。

新媒体交互性极强，独特的网络介质使信息传播者与接受者的关系走向平等，受众不再轻易受媒体摆布，而是可以通过与新媒体的互动，发出更多的声音，影响信息传播者。[50]

三、新媒体的分类

新媒体的种类很多，但目前以网络新媒体、移动新媒体、数字新媒体等为主。融合的宽带信息网络，是各种新媒体形态依托的共性基础。终端移动性，是新媒体发展的重要趋势。数字技术是各类新媒体产生和发展的原动力。[51]

在具体分类上，新媒体可细分为门户网站，搜索引擎，虚拟社区，RSS，电子邮件、即时通讯、对话链，博客、播客、微博，维客，网络文学，网络动画，网络游戏，电子书，网络杂志、电子杂志，网络广播，网络电视，手机短信、彩信，手机报纸，手机电视、广播，数字电视，IPTV，移动电视，楼宇电视等。

（一）网络新媒体

网络新媒体也被称做第四媒体。细分为部落格，门户网站，搜索引擎，虚拟社区，RSS，电子邮件、即时通讯、对话链，博客，播客，微博，维客，网络文学，网络动画，网络游戏，网络杂志，网络广播，网络电视，掘客，印客，换客，威客、沃客等。

（二）手机新媒体

细分为手机短信、彩信，手机报纸、图书、杂志，手机电视、广播等。

（三）新型电视媒体

细分为数字电视，IPTV，移动电视，楼宇电视等。

（四）其他新媒体

细分为隧道媒体、路边新媒体、信息查询媒体及其他户外互动新媒体等。[52]

四、新媒体的传播特性

新媒体相对于传统媒体，在传播时段、传播范围、传播主体、传播速度、传播形式、传播渠道等方面有独特的传播特性。具体来讲，其传播特性为：

（一）全时传播

全时传播指的是信息随时可以进行发布。信息传播的时效性有四个发展阶段：定时、即时、实时、全时。

（二）全域传播

地域和空间限制越来越少，只需要设备和传输信号，就可以发布信息。

（三）全民传播

传播不再是机构、媒体单位的事情，每一位民众都可以参与其中，谁都可能是记者、编辑。

（四）全速传播

传播速度比旧媒体快，在事件发生的同时就能够进行传播活动。

（五）全媒体传播

传播信息不单是文字或者图片，还附有音频、视频等多触觉通道。

（六）全渠道传播

客户端多样化，比如电脑、手机、短信等都可以进行信息发布。

（七）全互动传播

新闻的线索搜集、采访、发行等一系列活动，所有用户都有机会参与进去，并且在事后可以发表评论。

（八）去中心化传播

不存在类似于“头版头条”这样的状况，不同受众可以选择出很多主题进行讨论，另一方面也说明了新媒体使新闻多元化。

（九）去议程设置传播

信息传播不再是比较固定的用词模式，不同的消息发布人可以用自己使用语言的习惯进行传播。

（十）自净化传播

虽然在新媒体的传播过程中，负面信息传播面积是正面信息的四倍，但是一般小道消息都会有相关人员出面澄清，所以造成的误会基本可以得到有效的遏制。

社会化网络对传播媒体、社会变革的影响才刚刚开始。从新媒体的十大传播特性而言，新媒体已然颠覆了很多传统观念，随着新媒体的继续发展，一个真正属于受众的新媒体时代必然到来。不断地发展利用新兴技术，才能跑得更快更远。[53]

第二节　新媒体对传统广播的宣传属性的冲击

随着新媒体的不断发展，新媒体以其信息发布及时、表现形式多样、受众多样选择以及十大传播特性的优势，在企业、品牌、事件、人物等对象的宣传过程中发挥着无可比拟的作用。因此，新媒体对传统广播的宣传属性带来了强烈的冲击。

一、新媒体传播的及时性使传统广播的公信力、权威性受到挑战

在新媒体时代，全速传播（及时性）、全互动、去中心化的传播特性使每个人都可以参与传播内容的创造，每个人都能成为传播者。进入网络中的人都可以通过新闻跟帖回复、网络社区、电子邮件、微博、微信等发布自己的看法和观点，并可以根据自己的需要进行粘贴、编辑、链接，获取新闻不再是记者的专利。尤其是微博的运用，将这种开放的传播方式推向了一个新的高度。在突发事件的现场，拥有拍照手机的目击者经常成为关于该事件的第一个报道者，其提供的照片和文字说明成为公众获知该消息的第一来源，甚至为职业记者的后续报道设置议程。2010年4月14日发生的玉树地震，“逍遥Radio”于4月14日5：50通过手机发布在新浪微博上：“早晨5：40，青海省玉树县发生地震，震感明显，震级不详。好可怕！我从梦中被震醒，心情很压抑。”这是目前所知的最早报道玉树地震的消息，距离中国地震台网中心测定的地震发生时间仅仅相隔11分钟。2011年7月23日20时38分，也就是甬温线特大铁路交通事故发生4分钟后，车厢内的乘客“袁小芫”发出第一条消息：“D301在温州出事了，突然紧急停车了，有很强烈的撞击。还撞了两次！全部停电了！我在最后一节车厢。保佑没事！现在太恐怖了！”微博再次成为最早的新闻源。[54]

网络媒体与其受众的区别不再泾渭分明，更多时候受众也成了网络媒体的一部分，从而形成了“媒介即人”的新观念。当信息在网上自由流动和吸引众多受众主动参与时，传统媒体的把关作用就会削弱。2012年7月19日，

中国互联网络信息中心发布的《第30次中国互联网络发展状况统计报告》显示，截至2012年6月底，我国手机网民规模达到3.88亿，较2011年底增加了约3270万人，网民中用手机接入互联网的用户占比由上年底的69.3%提升至72.2%，手机基本上已经进入了“多媒体、全功能”的时代。新媒体发布链条可以全时空、瞬时发布消息，这在重大事件，特别是突发事件报道方面给传统媒体造成巨大压力。建立在新技术基础上的网络、手机等新媒体，由于传播者不是专业人士，更不可能期望他们具备专业主义的信念，传统媒体的把关作用在新的传播工具面前受到了挑战。在这种情况下，这些新技术传播工具的传播内容就是泥沙俱下，必然会对自身公信力造成影响。另外，各种信息说法的增多，影响到公众对传统新闻媒介内容可信程度的判断。[55]

二、信息来源多元化、受众流失使广播宣传主阵地地位削弱

在新媒时代，信息来源以多样化的形式出现，受众接收新闻的方式也以多样化的特征呈现。伴随着网络技术的发展和可移动网络终端的发展，微博、微信、QQ群、电子邮件、社区留言板等都可能成为信息的来源处。而信息来源的多元化，让以前掌握话语权的报纸、杂志、广播、电视等传统媒体不再独享传播权。因此，受众获取信息的同时也是信息的发布者和传播者。受众获取信息的方式也有了多样化的选择，可以通过查看手机端，也可以通过查看报纸的网络版，还可以通过微博、QQ、门户网站、电子邮件订阅等方式获得新闻。这种情况致使受众群体碎片化，受众不再单一地以某个媒体为主要获取新闻途径。因此，从一定意义上说使受众群体遭受不同程度的流逝，另一方面，网路新媒体的快速发展，使中国成为世界第一网民大国。根据中国互联网络信息中心（CNNIC）发布的《第29次中国互联网络发展状况统计报告》显示，截至2011年12月底，中国网民规模达到5.13亿。这是一个仅次于电视、超过报纸和广播接触人口规模的数量。并且中国网民的数量还在以每年 15%左右的速度递增。互联网对电台市场地位的“威胁”可谓咄咄逼人。网络的兴起从另一个层面导致传统媒体的受众大量流失，大大削弱广播宣传主阵地的地位。

第三节　新媒体对传统广播的市场属性的冲击

一、舆论环境被改变

报纸、广播、电视等传统媒体的话语权控制在这些传统媒体机构的手中，更确切地说是掌握在这些机构的编辑和记者的手中，记者采用什么样的稿子，编辑编排什么样的稿子，受众就接受到什么样的内容。以往的传播学研究表明，舆论作为公众意见的集合体，不是个人意见的简单相加，它或者是由新闻媒体的议程设置所诱导，或者是由意见领袖所引领，并由二级传播（甚至多级传播）的机制在其中发挥作用而产生。因此舆论的环境是由传统媒体决定的。这是传统的舆论环境。[56]

以互联网为主的新媒体的发展，极大地、或者说是从根本上改变了舆论（意见）的形成模式、传播方式和扩散速度。每个人都可以是媒体人，都有话语权。每个人都可以在互联网占有自己的发言阵地，不同的观点在互联网上形成交锋。互联网作为新的公共领域迅速崛起，在出现短短十多年时间里就极大地改变了舆论的走向。

（一）网络既是公共领域又是舆论本身

作为公共领域，网络上有讨论，有争辩，有意见的交换、交流和汇集，也有意见的排斥、批驳和冲突。可以说，网络有着最大的公共性、包容性和未经加工的原生态性（相对于传统纸媒而言）。在网络上，各种意见都能有表达的机会，“网络面前人人平等”。另外，网络的匿名性增加了人们网络表达的勇气（这里不是指谩骂和诬陷等不良和违法行为），可以帮助某些人克服“人微言轻”的卑微心理。

网络同时是一种舆论媒体。人们上网搜索、浏览，就如同是阅读报纸杂志，网络上的意见和议论似乎直接构成了舆论或舆论的组成部分。网络既是公共领域又是舆论阵地的双重特性，使舆论的范围扩展到以前难以涉及的领域。

（二）网络舆论有媒介偏向

哈贝马斯在《公共领域的结构转型》一书中，曾有专章讨论“公众舆论概念”。他认为，公众舆论可以区分出两种不同的政治交往领域：一个是非正式的、个人的、非公共的意见系统，另一个是正式的、机制化的权威意见系统。哈贝马斯的这种两分法也许适用于传统纸媒，但在互联网时代，这种“正式和非正式”的界限很快就被冲破。我们可以从媒介偏向的角度来探讨舆论。

网络舆论或网络意见，是有媒介偏向的，偏向于经常使用网络的人群。在今天的接近六亿的网民中，什么年龄、什么阶层的人都有。这里有个人的习惯和偏好，也有文化和技术素养在起作用。当然媒介偏向还有更重要的含义，即在内容的传播或扩散上的偏向。

舆论研究发端于新闻学，新闻报道的议程设置所涉及的“要闻”和“事件”，往往会成为舆论的中心“议题”。所谓“要闻”原本是指重大的政治、经济事件或灾难报道等。然而，在网络时代，对于重大议题的设置，不仅有作为把关人的新闻机构，也有不同身份的网民，他们从自身的感受出发，在一定程度上影响着网络舆论。在这种情形下，娱乐报道和媒介文化往往会成为每天的要闻和议题，这些传统视野中的花边新闻、明星逸事、娱乐事件等，在新媒介环境下成了“大事件”，成了重要“议题”。另外，以往只能在报纸副刊上出现的娱乐性、消遣性内容，在点击率的作用下，在网络上受到极大的关注，要闻的概念发生了改变，原有的报道板块被重构了。

传统意义上的重大事件不是天天都有的，然而“要闻”是天天都应该有的。当媒介文化摆上议事日程，要闻就有了媒介文化的偏向，舆论就有了媒介文化的偏向。也就是说，社会舆论的关注点更多地偏向媒介热门事件。这是社会价值偏向所致，我们称这一现象为“媒介价值观”，即这种价值观与日常生活的价值观不同，更多地受社会趋同心理影响，受制于媒体报道，认为媒体报道的事件就是大家关心的事件，而大家关注的事件就是自己应该关注的。这一心理又反过来推进了媒体对某一事件的报道深度和频率，而某些舆论就在这种氛围中诞生。

（三）媒体之间的关注、转载和竞争也是一种舆论环境

新媒体的环境，缩短了舆论的酝酿期，使网络中的个人意见在几天工夫就成为呈燎原之势的社会舆论。如曾经风靡一时的“周老虎”事件、“唐骏门”事件等，就是在网络、纸媒和电视的相互引用和转述中成为重大“要闻”的。

我们可以用足球运动来说明这个问题。足球比赛风靡世界与电视录播技术的发展直接相关，多机位的电视录播和日臻完善的剪切、编辑技术，使电视在足球转播方面占尽优势。然而，网络和纸媒并不甘落后，尽管它们没有动感的画面和绚丽的色彩，没有高质量的视屏，却不能缺席。缺席意味着无视公众，缺席意味着罔顾民意。特别是世界杯赛期间，足球占据了第一要闻的位置，是人们交谈的重要话题，也是舆论的中心。大众媒体纷纷上阵，形成了合围之势。正如八年前一位“媒体人”的说法：“世界杯来了！从明天起，做一个幸福的人；从明天起，耽误一点别的事，连上帝都会原谅！”这句话非常煽情，但如果不看世界杯呢？就不幸福吗？然而，问题是人们怎么能不看呢？所有的媒体都在报道世界杯，似乎所有的人都在议论世界杯。世界杯不只是奖杯，还是巨大的旋涡，它将所有的一切统统吸附其中。当然，真正的旋涡来自大众传媒，来自形成合围之势的新媒介环境。[57]

二、市场份额被改写

面对网络新媒体的冲击，当今的媒体市场份额被重新改写。在当今的网络媒体时代，报纸、广播、电视三大媒体和以互联网为主的新媒体，在受众覆盖、广告份额等方面都已经发生了重大变化，大有网络媒体占主导地位的趋势。

在受众覆盖方面，网络新媒体远远超过了报纸、广播、电视等传统媒体。随着新的传播技术和媒介的涌现，读者的阅读习惯发生了质变，可以简

单归纳为：20世纪50年代出生的人习惯看晚报，60年代出生的人习惯看都市报，70年代出生的人习惯上门户网站，而80后和90后更习惯上开心网等SNS网站。毫无疑问的是，伴随互联网长大的一代人已经成为社会主流，成了主要的互联网受众群体。目前，中国已成为世界上互联网使用人口最多的国家，且手机网民数量在不断增加。

从广告市场上看，互联网是未来广告市场主流市场。据目前中国领先的综合广告与媒体服务商——昌荣传播发布的《2012上半年中国广告市场分析报告》显示，2012年上半年整体广告市场同比增长仅为4.2%，低于GDP的增幅。五大媒体中，互联网仍保持稳定增长的势头，增幅为25.7%，且互联网成为仅次于电视受众的第二大接触媒体。电视媒体79%的份额继续占据着广告量的头把交椅，但增长速度呈现放缓的趋势，增速4.7%；电台虽然以同比13.5%的增幅继续领跑传统媒体；报纸继续萎缩，较2011年同期跌幅为7.4%，为近年来的最低；杂志同比增长11.1%，增速放缓。[58]

综上所述，互联网的新媒体已经重新改写了媒体的市场份额，并将最终主导未来的媒体市场。

三、广播媒体的广告增长被遏制

以互联网为主的新媒体的快速发展，已经影响到广播媒体广告收入的增长。随着新媒体的快速发展，新媒体信息内容来源向高价值、观点性的阶段迈进，新媒体的价值逐渐获得广告主的认可。广告主逐渐消减广播媒体的营销费用，将其投向新媒体，随着新媒体营销价值关注度的提高，新媒体还将继续分流传统媒体的广告收入。FM1007福建交通广播电台是福建省唯一一家全省统一调频的广播频率，在2006年，房地产的广告创收占整个频率广告额的1/5，达到230万。而在新媒体的快速发展形式的影响下，房地产的广告商将广告投放渠道逐步转向网络营销。近年房地产行业广告投放在大闽网和其他网络平台的预算增加，而福建交通广播电台的房地产广告也将逐年下降，直至2011年，房地产行业整年的广告还不足100万，预计2012年整年的房地产广告创收将维持2011年广告额。[59]

另据实力传播媒体集团2012年2月调查制定的《2008～2014年全球各大媒体广告市场规模比例数据》显示，全球网络广告、电视广告市场不断增长，报纸、杂志广告市场呈现萎缩趋势。尽管全球广告市场整体增长较为缓慢，但网络、电视广告仍保持着较高的增速。互联网对平面等传统媒体的冲击较大。2011年，中国的网络广告市场超越报纸等媒体广告收入，在搜索引擎、电商网站、视频网站等媒体的带领下，中国网络广告市场规模达到了511.9亿，较报纸广告的453.6亿高出了58.3亿。互联网对信息传播方式和营销方式的深刻改变，使互联网为主的新媒体对广播、电视等传统媒体的冲击十分明显，并且在一定程度上遏制了广播等传统媒体的广告收入。[60]

第四节　广播新媒体

一、广播新媒体的概念

广播新媒体，除了运用传统的广播媒体外，还要运用多种媒体手段。广播电台还要利用网络、视屏、手机等多媒体手段进行发展壮大，这是一种涉及多媒体的运营形式。

广播新媒体的概念是近两年兴起的一个概念。广播新媒体关注的核心仍是传统广播媒体，其他媒体技术是与时俱进的手段。

从传播的内容上来看，广播新媒体要关注到听觉、视听和触觉。

从平台上讲，现在做广播新媒体有比较好的平台，比如3G、流媒体等，为广播新媒体提供可以推行的技术平台。

二、广播新媒体发展概况

广播新媒体现在比较常见的有两大类：网络广播和移动多媒体广播。

（一）网络广播

网络广播是指采用IP协议、通过互联网、以计算机为终端的音频传播业务。业界已经习惯将提供网络广播业务的音频网站叫作网络电台。网络广播占用带宽资源少、开办门槛较低，近年来发展很快。

网络广播的开办主体分为传统媒体和商业公司两大类。与网络电视不同的是，传统媒体开办的音频网站占据优势。中央人民广播电台主办的“中国广播网”是目前国内最大的音频网站。其网站音频数据总量超过2TB，内容包括中央人民广播电台9套节目的网上直播、270多个重点栏目的在线点播。由该网开办的主要为青少年服务的“银河网络电台”已成为国内最有影响的网络电台之一。截至2006年11月，银河网络电台的日均浏览量达到1841600人次，同时在线独立IP达到19190个，常规互动人群达到1900人。中国国际广播电台主办的“国际在线”已在线播出43种语言的广播节目，同时开播了9种语言的环球网络电台。在内地地方电台中，目前除西藏、甘肃外，全国有29个省级广播电台、总台开办了网络广播业务，共有167套广播频率实现网上直播。全国有123个地市级广播电台开办了广播网站，已有158套广播频率实现网上直播。另外，北京广播网与北京团市委合作开办了纯公益性的“青檬网络电台”，以首都高校在校大学生为目标受众群体，目前在高校学生中已经形成一定的影响。由北京“听盟”与团中央合作开办的中国青少年广播网已整合100多所高校网络电台的上传节目内容。在商业音频网站中，有少数较为活跃，基于即时聊天工具和论坛的音频网站竞争力较强，如猫扑音频网站、QQ网络电台等。

网络广播存在的问题首先是缺乏盈利模式。广告是互联网的主要盈利模式，但网络广播还没有插播广告的成功案例。互联网的另一大盈利模式——手机短信互动，有调查显示，用户在收听网络广播时，一般不太愿意发送短信参与某个节目中。其次是受终端制约。调查显示，近年来收听广播的人数在逐年减少，特别是青少年群体，而且用户更习惯于在移动时收听广播，而网络广播必须通过电脑固定终端接收，因此在很大程度上限制了用户的发展。再次是商业网站的节目资源缺乏。虽然网络电台的进入门槛较低，但商业网站普遍缺乏制作广播节目的专业人才，很难生产出大家喜闻乐见的节目。另外，由于网络电台很少能带来直接的经济效益，商业网站在购买广播节目时也非常慎重。

从发展趋势看，传统广播媒体开办的音频网站将继续占据主导地位。因为传统广播媒体拥有丰富的节目资源和专门的制作队伍，并且公信力强。特别是随着媒体体制、机制改革的不断深入，网络广播传播理念和节目形态不断创新，传统广播与网络广播通过联动来提升双方的价值将变得越来越普遍，传统广播媒体在运营网络广播方面的优势将更加明显。

（二）移动多媒体广播

移动多媒体广播是指通过卫星或地面无线广播的方式，供7寸以下小屏幕、小尺寸、移动便携的手持类终端（如手机、PDA、MP3/MP4播放器、数码相机以及笔记本电脑等接收设备），随时随地接受广播电视节目和多种信息服务的一种业务。与基于移动通信网的手机电视相比，移动多媒体广播具有频率资源限制小、收看质量高、视听费用低甚至免费等特点，因而得到国际社会的广泛关注。目前国际上已经形成DMB-T、DMB-S、DVB-H、MediaFLO等多个移动多媒体广播标准体系。韩国从2004年开始相继开通了卫星和地面移动多媒体广播。我国也正式启动了移动多媒体广播业务。

我国移动多媒体广播试验采取的是广电系统自行开发的具有自主知识产权的CMMB标准。该标准体系的几个关键标准，即《移动多媒体广播第1部分：广播信道帧结构、信道编码和调制》《移动多媒体广播第2部分：复用》《移动多媒体广播第3部分：电子业务指南》、《移动多媒体广播第4部分：紧急广播》等4个标准，已从2006年10月起，先后由广电总局以行业标准的名义发布，并正式实施。其他配套标准正在制订中。[61]

根据广电总局规划，我国移动多媒体广播的网络将利用大功率S波段卫星和地面无线相结合的方式进行覆盖，利用移动通信网络构建回传通道。业务方面，将提供20余套广播、电视节目和数据业务，并采用广播式、双向式、预付费式相结合的授权方式以及分级式用户管理、计费体系进行业务管理。运营方面，将按照现代企业制度和现代产权制度的要求，组建广电系统上下联合、系统内外联合、中央与地方结合的运营主体，走集约化、规模化、产业化的发展道路。

目前，我国移动多媒体广播的设备研发及组网试验均进展良好。第一代商业化芯片已经研制成功，调制器、发射机、增补网络、接收终端等设备研发方面已取得突破性进展。2007年6月，北京地区移动多媒体广播开路测试获得成功，当年10月，青岛电视塔播出CMMB信号，随后上海CMMB网络调试成功。至2007年底，6个奥运城市及深圳、广州共8个城市均开通CMMB发射站；全国其他大部分直辖市、省会城市、自治区首府、计划单列市都已完成前期的频率规划、发射选点等工作，准备铺设CMMB网络。

由于在技术体制、业务模式及运营体制等方面具有独特的优势，移动多媒体广播的发展被人们寄予厚望。一方面，移动多媒体广播突破了时空的限制，使手持电视终端拥有者能随时随地地接收电视节目，使低成本时段变成高附加值时段，使电视频道、电视节目更有价值；另一方面，移动多媒体广播可提供特定的服务信息和公共信息，满足移动人群的特定需求，如为汽车驾驶员提供交通信息，遇突发事件时发布紧急信息等。当然，移动多媒体广播也将面临一系列新的问题：一是一项新的技术从开发成熟到普遍应用需要一个过程，各种技术还需要通过试验不断完善。二是技术开发、网络组建、设备购买都需要很大的投入，在资金上会有比较大的压力。三是移动多媒体广播业务是一种新的业务形式，节目内容、消费方式还有待市场的考验，也需要进行不断的调整。四是移动多媒体广播将面临手机电视、户外电视、车载移动电视的竞争压力，利益方面必然会形成一些冲突。不过这些问题都是发展带来的新问题，只要积极发展，问题最终都会得到解决。

三、广播新媒体和新媒体的区别

广播新媒体和新媒体在手段上有交叉重合，如何分辨两者的区别呢？

（一）内容传播侧重不同

新媒体追求海量信息，而广播网大量的工作还是整合和传播现有广播电台制作的节目，只不过把它整合成一种适合于网络传播的形式，或者是适合网络语境下的内容传播出去，远没有做到所有人对所有人。一些全国有名的商业网站，视频后台的监审人员在北京大概有400多人，这是大量的后台工作，这和广播网的定位有明显差异。

（二）目标不同

新媒体的目标就是发展互联网，广播新媒体的目的是强化传统媒体。新媒体要利用互联网无限扩张，甚至要替代传统媒体。广播新媒体是站在传统媒体的角度，把网站和其他新媒体的手段囊括在这个体系和架构之下，目标是通过这些新媒体手段扩大传统媒体的影响力。

（三）新媒体追求信息海量，面向天下；而广播新媒体追求独创，面对目标受众

新媒体尤其一些网络媒体的发展方向是所有人对所有人，它要搜集天下的内容，追求海量，然后把这些内容给天下人所用。而广播新媒体的发展路线，是向目标受众传递自己的生产内容。所以，广播新媒体应该有一个锁定的受众目标，而不是像其他的商业网站或者纯粹的网络媒体一样，把海量的信息传递给所有的人。很多传统媒体的网站杀出重围的杀手锏是原创性和独家特色。

有的学者对新媒体和广播新媒体的说法比较客观。说到广播新媒体的时候，专家引用了一句话叫作“国学为体，西学为用”，把这个说法放到广播电台，就是“广播为体，新媒为用”，所有新媒体的手段都为广播这个传统媒体服务，广播媒体在另外一个空间和舆论场传播广播的内容。

（四）运作模式不同

如果一个纯粹的新媒体完全遵循互联网的规则，可能就会更加“西化”，而不是“西学为用”。在“西学为用”的过程当中，我们还要多学多看，按照广播新媒体发展的路子实现传统媒体的壮大。

四、广播新媒体对传统广播的弥补和放大

广播有了新媒体手段，传统广播的功能得到明显有效的弥补、放大。具体表现为：

（一）永久性对一次性弥补

学界对网络和广播电视一直持融合的观点，这与它们传播的特点和相互弥补的特性是有关的。比如广播有两大缺陷：一是广播节目稍纵即逝；二是广播只能听不能看，大家对节目的质量有所放松，有的主持人说拿两张CD带

一张报纸，一个小时的直播就轻松下来了。21世纪就被誉为“一个视觉的时代”，没有视觉，整个的传播的效果会大打折扣。网站的出现和发展弥补了广播这两大缺陷。

（二）音频和视频互补

有了广播网，很多广播节目制作的环境也发生了很大的变化。如某位名人到电台来参与节目，在制作广播节目的时候用了一个类电视化的制作手法，这样做的一个最根本的原因就是为了节目在网站上能够更好地传播。这样，受众既可以听到传统媒体——广播的声音，又可以在广播网上看到视频。

（三）汇总对分散的弥补

一个电台早晨可能有新闻节目，晚上可能有音乐欣赏，周三可能有怎样修车？周五可能有孕妇的保健。这些林林总总的内容，都能经过整理提炼后放到广播网上，听众根据自己的需要，随时打开链接。素材都是原来的素材，但弥补了分散的缺点，有了汇总的优势。

（四）提高收听效果，集成节目

在广播新媒体上可以进行DAB，即数字多媒体广播，它的传输完全是用的数字信号，避免了原来收听效果差的问题。它可以把广播电台的很多节目进行整合、集成，比如做成英语节目，可以把各台的英语讲座集中在一起；做孕期知识的节目，可以把所有的孕前知识集中起来，还可以把育儿经验、儿童故事的节目都进行集成。在这个集成过程中，大家只要有DAB的终端就可以接收节目。DAB和3G的最大区别是所有的投入只在第一次终端投入上，后面所有的接收都是免费的。

五、传统广播媒体对新媒体因素功能的强化

（一）新媒体因素借助传统媒体干预社会能力的放大

如重大的政治活动，广播网往往因和广播的关系参与报道，运用了音视

频工作的访谈直播、自制视频访谈节目、拍摄视频花絮、记者写博客、记者做文字专访等多种形式。网站搭台，传统媒体唱戏。如果纯粹是网络的媒体的话，不可能产生这么大的一个效果。

（二）广播新媒体因素和传统广播媒体互动产生叠加效应

广播新媒体和传统广播媒体共同形成了一个新兴的媒体场，在这个媒体场中，舆论发生的机制也有了相应的变化。比如，以往都是网上的舆论依赖传统媒体，把传统媒体的东西摘到网上，但是现在网络上的舆论可以先生成，然后影响传统媒体，经过传统媒体权威的意见发布和调查，再回到网上影响舆论，形成一种互动的状况。

（三）传统媒体使广播新媒体功能放大

这几年有很多经典的案例，无论是贵州习水案，还是周正龙华南虎事件，都最先发端于网络上，但是如果没有传统媒体的介入，这些事情也不会有后来这样的效果。这说明了新舆论场生成和发展、结果的模式：传统媒体和新媒体互相依赖、形成互动。

如果把电台、电视台的网站定位为新媒体，母体并不可以完全切断对它们的支持。如凤凰网并没有和凤凰台分开，凤凰网认为它现在需要凤凰台，一是利用凤凰台的影响顺势叫凤凰网，二是凤凰台的节目它可以随便用。凤凰网跟母体所有的切割没有完全切断，母体还是把最重要的东西给了它。对于一些广播网，如果没有电台的支持，很难把这些广播的资源重新整合，无法用网络的语言在网络上推广。

第五节 双重属性下的广播新媒体的运营和管理

一、广播新媒体的双重属性的再认识

广播新媒体是广播媒体的网络延伸。广播是党和人民政府的喉舌，也是市场经济发展主体之一。因此，广播新媒体依然具有广播媒体的政治属性和市场属性。但调查发现，截至目前，人们对于广播新媒体属性的认识存在两个特征。

一是人们对广播新媒体政治属性的认识存在误区。和传统媒体相比，人们对网站政治属性的认识存在误区，认为那些奇闻怪事都来自网络，更有些不当言论也是出现在网上。人们往往认为网络媒体的内容尺度可以大一些，与新闻网站相比，商业网站可以更放开一些。这些认识是不正确的。在传统媒体广播的发展过程中，我们常说要坚持政治家办台。坚持政治家办台实质上就是在强调媒体的政治属性，要求媒体要将政治导向作为第一要务来抓，将政治属性作为媒体的根本属性贯穿到发展的始终。这在广播新媒体中同样适用，这就要求我们具备坚持政治家办网的理念。

二是对广播新媒体的市场属性认识不足。在市场属性方面，人们认为网络媒体是非正统媒体，没有明显的市场属性，也没有很好的宣传效果，这些假象导致人们对网络新媒体市场属性的认识不足。最终，导致了假华南虎、地沟油、毒奶粉、瘦肉精以及皮鞋做胶囊等一批批舆论事件的爆发，也引起了一个又一个品牌的倒台。

因此，需要加强对广播网络媒体双重属性的再认识。

第一，认识广播新媒体的政治属性就要充分认识自身是党和人民喉舌的根本属性。广播新媒体作为广播媒体形式的创新，其实质仍为党和人民舆论宣传的工具。其最根本的就是要坚持正确的政治导向，更好地为党和为人民服务。认识广播新媒体的政治属性，就要充分认识其为党、为人民服务的根本特性。

第二，认识广播新媒体的市场属性是对广播新媒体经济属性及产业属性的认识。随着我国改革开放的不断深入，媒体的改革之路也在不断向前推进。作为市场经济中主体之一的广播新媒体的经营单位之一，要在做好政治属性的同时，赢得经济效益。有了经济效益，广播新媒体的才能不断地进行技术创新、管理升级，并不断向前发展。只有不断地向前发展，广播新媒体才能更好地坚持其政治属性。

第三，认识广播新媒体的双重属性，即政治属性和市场属性，就要充分认识两者的辩证统一关系。广播新媒体政治属性和市场属性是相互影响、相互促进的。政治属性是第一属性，市场属性是第二属性。坚持正确的舆论导向，就是坚持其政治属性。只有坚持政治属性，市场属性才能得到充分的发挥。市场属性发挥得好，又能促进其更好地坚持政治属性。

二、广播新媒体对从业人员的素质要求

广播新媒体是网络为主的多层次、多专业、多媒体的综合信息平台。以河南人民广播电台建设中的映象网（www.hnr.cn）为例，它作为河南地区的综合新闻门户网站，产品涵盖新闻资讯、网络电台、网络视频、互动社区、电子商务、手机端等多项内容，其内容除新闻资讯外，还开设了财经、汽车、娱乐、电影、女性、旅游、健康、教育、读书等专业频道。这些对从业人员的素质提出了更高、更多的要求。简单归纳为以下几点：

（一）要有全媒体的观念和技术

广播新媒体的发展要求广播从业者要有全媒体的观念和全媒体的技能。广播新媒体的记者应该是全能记者，不仅专业知识过硬，还能熟练运用各种采访工具进行全方位的采访、制作。所谓的“背囊记者”，是指掌握了全面的多媒体技能，能够同时承担文字、图片、音频、视频等报道任务的全能型记者。这些记者背着一个包，里面有笔、摄像机、笔记本电脑、录音笔等，随时随地记录下突发的事情。

（二）要有扎实的新闻传播学基础

广播新媒体从业人员应该具有新闻传播学的基础。新闻学专业的毕业生就业范围较广，主要集中在新闻单位。这些都是潜在的广播新媒体从业人员。有了新闻传播学专业做基础，从事数字广播、网络媒体等广播新媒体事业，就在思想内容上有了保障。未来的广播新媒体将会快速蓬勃发展，新闻传播学应该成为广播新媒体从业人员的必修课。

（三）要有一定的政治素质和个人修养

广播新媒体从业人员除了应该具备专业素质之外，还应该具备新闻媒体从业人员的政治素质。因为新闻传媒要对社会负责、对受众负责、对党负责，要有政治高度。其次，广播新媒体从业人员要面对公众，是“公众人”，要具备一定的修养。修养指的是一个人理论、知识、艺术、思想等方面的水平，通常也是一个人综合能力与素质的体现。

（四）要有良好的软件使用能力

计算机是21世纪人类生活与发展最为基础和重要的手段。广播新媒体从业人员要充分认识到计算机能力的重要性，并加强自身的软件使用能力，使自己能进行操作、操控、制作、处理等。

（五）要具有策划和创新能力

策划又称“策略方案”和“战术计划”，是指人们为了达成某种特定的目标，借助一定的科学方法和艺术，为决策、计划而构思、设计、制作策划方案的过程。创意是对传统的叛逆，是打破常规的哲学，是超越常规的导引，是投资未来、创造未来的过程。简言之，创意就是具有新颖性和创造性的想法。

（六）要具有良好的沟通能力和表达能力

首先要具有良好的沟通能力。采访就是沟通，既是信息沟通，也是情感沟通。采访某人，要与某人为某一观点达成共识，需要充分的沟通；塑造一个品牌，使品牌在消费者心中具有一定地位，也需要充分沟通。广播新媒体从业人员应该是沟通大师，比任何人都更知道“对谁说”“说什么”“怎么说”才能打动接受者。其次要具备良好的表达能力。表达能力包括文字表达和口头表达能力，能说会写是广播新媒体从业人员的基本功。在与采访对象、同行、读者沟通时，运用良好的口头表达能力，才能吸引人、打动人。

三、双重属性下广播新媒体的经营策略

不管是何种新媒体的形式，时刻都要关注自身经营的创新，只有如此才能在市场上立于领跑地位。以网络为主的广播新媒体更应该把自身的经营放在首位，经营策略有以下几点：

（一）由网络发布平台向内容集成服务商转变

广播新媒体的经营发展，应该依托广播电台强大的采编播团队，实现由网络发布平台向内容集成服务商的转变。

加强新媒体、多终端的渠道平台建设。这里的平台不仅包括传统的电台终端播出平台，而且包括网络电台终端播出平台、户外电台终端播出平台和手机电台播出平台。

在新媒体时代，广播新媒体应打造广播内容集成服务的开放式资源平台。在这个大平台里，不仅有电台自身生产制作的海量内容，而且有为其他电台机构、民营制作公司以及社会内容制作机构生产的内容，提供开放式运营平台，甚至广大网民自制生产的原创内容也可以汇聚到这个平台中。开放资源平台再根据互联网电台、手机电台、车载电台等各种渠道终端提供特色化内容，甚至可以根据用户终端的需求提供定制内容、互动内容服务，成为广播内容生产、交易、对内外播出的综合集成服务商。

如电台新闻中心的广播发稿平台，就可通过重构业务流程和技术平台优化，建成开放式新闻聚合平台，整合广播、电台、报纸、新媒体等各种新闻资源，建成可以对接各种渠道和终端用户并能快速反应、点对点即时发布的

新闻集成服务平台。

（二）由单一收入结构向整合营销转变

在新媒体时代，价值链网络化将使电台价值链中的每一个环节都能独立成一个价值模块，整个价值创造过程由众多的价值单元组成。

新媒体发展战略最终必须落实到运营模式的探索上，而运营模式的探索则重点在于收入模式的探索。在新媒体时代，电台为广告主提供的不再是简单的时段，而是可以提供一套整合的广告套餐服务，即整合多频道、跨媒体的传播平台，使客户的投入在产业价值链上获得几何倍的放大。电台在注重广告资源开发的同时，应更加注重以版权收入为主的媒资管理，以及电子商务平台建设和其他服务资源开发的全产业链价值模式探索，形成包括广告收入、版权经济、付费订阅、针对不同终端的内容推送和精准营销、电台购物等收入模式在内的整合营销新模式。

（三）由台网松散联动向台网一体化发展转变

在新媒体时代，传统电台应实施台网一体化战略，改变当前台网之间松散联动的发展格局。把新媒体发展规划纳入电台总体发展规划之中，统一布局，共同推进。

在台网融合战略实践中，应考虑利用先进的数字化技术，实现传统电台与新媒体内容生产平台的一体化，以利于形成充分、开放、共享的资源利用体系，形成资源利用的最大化和高效率。

在产业经营方面，统筹互联网、手机电台、车载电台等新媒体产业化运营，打造传统产业和新媒体产业一体化的产业链。

（四）由自我积累发展向资本运作转变

发展新媒体不能用传统的事业思维和体制机制来推进。目前传统电台媒体旗下的新媒体机构，往往集宣传事业和经营产业双重身份于一体，市场化主体地位不强，对母体还存在很大的依赖性，体制问题成为传统电台实现与新媒体融合发展的重要阻碍。

因此，应尽快摆脱制约发展的体制束缚，确立新媒体企业、公司化运作的企业真正的市场主体地位，实行市场化运营。一是积极引入战略投资者，实现与资本市场的对接，用市场融资的手段解决境外站点建设、播控平台建设的资金短缺问题，突破自我输血式发展瓶颈。二是加快尝试以成立集团总公司为母体，以合资子公司、分公司等分属企业形式为子公司的运营模式，还原各种新媒体业务真正的市场化主体地位，用纯市场化的体制机制，通过收购、强强联合甚至上市、兼并等资本化手段带动电台新媒体业务的快速发展。

（五）由单一收听调查向新媒体传播效果监测转变

对于电台节目影响力的评价，传统研究方法主要有收听率和满意度两个指标。在电台与新媒体融合发展的新形势下，以互联网为代表的新媒体已经发展为重要的社会舆情集散地，这对广播电台节目原有的评估体系造成重大冲击，即收听率和满意度都无法全面而深入地呈现电台节目在新媒体形态下的真实影响力。因此适应新媒体化运作，就必须建立面向新媒体生产的效果监测评估体系。

电台建立新媒体效果监测评估体系，首先要加强电台节目网络影响力研究。通过研究各种网站对于电台节目的关注情况、网民对于电台节目的评论、网民在网上下载或点播电台节目的频次等，利用这些信息，客观分析节目观众满意度的真实情况，为改进节目，更好地服务广播用户提供决策参考。同时针对网络电台、手机电台等不同终端的用户，开展用户满意度、节目欣赏指数、社会预期等方面的研究，获取用户与社会的多元反馈，研究新媒体用户心理，从而进一步提高节目生产和编排质量，不断提高电台节目和网络新媒体的吸引力和影响力。

此外，广播新媒体还要关注以下三个方面的问题：

其一，通过品牌创新来提升新媒体的影响力。新媒体最重要的资产是品牌和人才。在媒体竞争日趋激烈的今天，强势媒体的话语权加强、定价能力强化、获取超额利润的能力提高，只有加强品牌建设，才能掌握竞争的利器。

其二，新媒体需要打破传统媒体事业单位运营的束缚。将经营管理摆在重要的位置，从经营管理中获得更多的效益。

其三，经营方式要不断创新，在探索新的盈利模式的同时，也要利用传统媒体的优势。事实上，作为传播手段，新媒体与传统媒体在合作中竞争、在竞争中合作，如移动广播可以利用传统广播媒体的音频资源，传统媒体也可以延伸至新媒体领域，这种相互融合的态势，已经模糊了彼此之间的界限。

四、双重属性下广播新媒体管理思考

广播新媒体实质上是以网络为主的新媒体，在网络媒体快速发展的形势下，要做好广播新媒体的管理工作。

（一）确保广播网络新媒体的政治属性

广播新媒体的政治属性是它的第一属性，作为党和人民的喉舌，依附于传统广播的广播网络媒体，要从多方面来确保它的政治属性。以河南人民广播电台官方网站映象网为例，在确保其政治属性的同时，提高应对新闻大事件的能力，监控互动网络社区言论，提升工作人员的整体政治素质。

广播新媒体是利用新媒体手段发展广播事业，更好地为党的中心工作服务，为广大受众服务，更好地完成在新的历史时期、新的技术条件下的任务。但广播新媒体在利用网络技术的时候，又必然要面对网络海量信息、人人自媒体等特点的挑战。因此，在利用、发挥网络优势的同时，又更好地坚持正确的导向，坚守广播新媒体的政治属性，就是一个必须解决的问题。

那么，广播新媒体如何坚守自己的政治属性，更好地承担起政治和社会责任呢？

1. 广播新媒体的负责同志要具有坚定的党性、高度的新闻敏感性

有人误认为：广播新媒体的负责人懂网络技术或网络经营最重要。这样

想，要犯错误，要出大事。广播新媒体的负责人的核心工作没变，还是发展广播事业；他的政治角色没变，还是做党和人民的喉舌。网络及其他新媒体技术只是“用”，主体还是广播宣传。“用”的是翅膀，不是更换脑袋。所以，广播新媒体的负责人要有高度的党性和政治责任感，面对汹涌而来的信息、声音，不糊涂、不慌乱，头脑清醒，立场坚定，方向明确，任凭风吹浪打也要胜似闲庭信步。

但只有头脑清醒、方向明确、立场坚定还远远不够。如有的负责人怕出事、怕犯错误，在广播网站上只发广播节目的文字稿，屏蔽一切网民意见、取消所有互动。这样做在政治上是保险了，但也失去了广播新媒体的意义，广播的宣传作用也没有因为新媒体手段得到发扬光大。

一个合格的广播新媒体负责人还应该胸有成竹、驾驭娴熟，面对海量信息，能够乘风破浪、取舍得体，使老听众大开眼界、新受众不断壮大，在潜移默化中达到广播新媒体的宣传目标。

2. 广播新媒体的从业人员要有传统媒体新闻从业人员一样的新闻素质和高度的政治责任感

广播新媒体的工作人员除了要有过硬的新媒体技术和明确的新媒体意识外，在政治高度、新闻嗅觉方面，其要求和传统广播电台工作人员一样，并且有更特殊的应变要求。每个栏目、每个细节都要有人密切注视，既要满足受众对网络等新媒体的期待，又要避免新媒体可能带来的负面效应。广播新媒体新上岗人员要和广播电台其他新上岗人员一样先进行政治素质的培训。

3. 制定严格的管理制度，确保从选稿到发布每个环节都不出问题

任何目标任务的完成都要靠制度做保障，网站必须建立一整套完整的、严格的内容管理制度，才能确保正确的舆论导向，不出偏差。制度管理必须细致到新闻来源、新闻选稿原则、新闻标题制作、正文规范、审稿制度等等，在一些敏感期，或某一热点期，要明确到哪些词汇不能出现。

需要注意的是媒体办网站，要杜绝以流量为导向的管理模式。不少商业网站为追求流量，不惜牺牲内容品质，迎合部分受众的好奇心，刻意传播似是而非的小道消息或对标题做夸大处理，甚至打色情擦边球等使新媒体走向

堕落、走向低级趣味。我们对新媒体的考核，不能一味看流量、看效益，那种把新媒体当成市场加强连的思想，势必会把广播新媒体推上邪路，所以对广播新媒体的考核，重点是看它对扩大广播影响力的作用，看它是否与时俱进，是否采用新技术发展壮大广播事业，在这个基础上产生的经济效益才是健康持久的、与电台的本质相符的。

4. 权威声音要及时出现

在网络等新媒体技术的作用下，信息海量化，势必让受众觉得真假难辨、鱼龙混杂、无所适从，甚至人心惶惶。在迷雾蒸腾、众说纷纭之中，广播新媒体要发挥中流砥柱、玉宇澄清的作用。新媒体有自媒体色彩，谁都可以说、可以随意说，也就没有了权威性，广播新媒体的背后是广播电台，名花有主、权威聚集。在混乱中，人们还是要听听“靠谱”的权威声音。所以，许多新媒体受众只是觉得好玩、随意，但声音矛盾、内心惶惑时，还是要看看政府媒体怎么说。这时，广播新媒体就在信息的汪洋大海之中起到定海神针的作用。

广播新媒体要发挥自己的权威作用。对社会热点问题的广播要迅速反应，如播发广播节目，出文字稿、发图片、发视频，向广大受众讲清事件原委，让谣言止于广播新媒体；然后连续讲明政府对问题的处理方法和过程，安定人心。

广播新媒体既有新媒体的强大手段，又保留了传统广播在人们心中的稳健、权威，克服了传统广播稍纵即逝、传播形式单一等不足，其功能被无限扩大，广播新媒体强化和扩大传统广播的作用可谓保留精华、突破局限。

长期的权威作用和受众信赖，也会让广播新媒体进入一个良性循环，让受众觉得：自己需要的海量信息，在广播新媒体里有；自己需要的准确信息甚至指导意见，广播新媒体里也有。这样广播新媒体就成了权威新媒体，打开它应有尽有，没有的是雾霾和谣言。选择它，事半功倍、直接明了。

5. 理性引导，应对突发事件

突发事件在新媒体上最容易迅速传播、效应爆炸，严重时甚至动摇社会稳定。引起群情激愤的突发事件往往是因为原因不明、缺乏权威意见介入和引导、用道德判断代替理性判断等。如重庆彭水诗案、山东高唐网案、山西稷山文案、陕西志丹短信案等。这时，广播新媒体要及时站出来，利用自身的信息传播优势，请权威人士讲清原委，从理性和法律的角度引导舆论，要反映党和政府对这件事情的处理过程，从而消除疑虑、终止谣传、安定人心、安定社会。

6. 加强社区管理

社区是网民自由发表意见的平台，也是最容易出纰漏、出问题的地方。为了确保广播新媒体的政治属性，必须严格管理，要有细致的操作流程，具体如：系统自动对关键词进行屏蔽；24小时人工监看内容；重要保障期所有帖子先审后发。

（二）要坚持台网融合、台网一体的发展战略

以网络为主的广播新媒体是传统广播媒体的延伸，要坚持“台网融合、台网一体”的发展战略。

1. 以媒介融合为理念

积极打造“台网融合、台网一体”的报道平台。以新闻资讯为前提，以音频业务为核心，以视频业务为亮点，打造图文并茂、音视频同步的可视化与多维化广播网络新闻综合门户网站。与此同时，开辟互动传播新领域。加强电台节目与网站的互动，在线点播和订制节目互动，广播、网站、社区、微博、圈子等互为推广的多方面互动传播方式，与听众、网友互动，广播网络新媒体集音视频、图片文字于一体，极大地提高了舆论引导力。

2. 以资源整合为途径

首先，整合全台各频率新闻资源。广播网络新媒体实现新闻素材利用的最大化，通过无缝化对接充分整合全台重要直播、重要访谈、重要嘉宾资源，并实现传统广播与网络新闻资源共享。其次，整合传播资源。综合运用音频、视频、图片、网络广播、手机电台等多媒体平台，多形式传播，广播网站新媒体对内容资源进行重新整合，多角度、多层次地将广播内容和资源深度开发，自动实现资源的“一次生成、多次利用”。再次，整合受众资源。以网络社区讨论、网络微博转发评论等方式整合各受众资源，形成庞大的受众资源库。

3. 以市场属性开发创造经济增长

广播网络新媒体开始探索经营模式，建立网络广告发布系统，并逐步由内容提供商向内容运营商转变，让节目资源满足受众需求，进而实现价值。形成网络营销模式，实现舆论经济。推广特色网络增值业务系统，从在线服务、信息管理等方面进行多层次多角度的价值挖掘。

4. 以多措并举提升台网一体的影响力

一是充分重视台网互动过程中传统媒体和新媒体的嫁接工作，实现从单一广播内容生产者到全媒体内容提供商的转变，从广告创造价值到用户创造价值的转变。二是统一独家新闻信息网络出口，进一步提高新闻作品原创率，实现网络传播的特色化。三是建立新机制，保障台网互动策划采编一体化运行。四是实现台网一体采集、策划、传播流程无缝链接，实时联动，以台网互动为动力，电台新闻音频为主体，图文和视频为两翼，带动独家报道原创率、首发率、落地率同步提升。五是启动品牌栏目网络化工程，围绕传统名牌节目打造在线广播的名栏目、名社区，努力提升广播新媒体的影响力。

广播网络新媒体通过实施台网一体战略实现新闻频率和网络策划集成化，重点报道多媒体化，个性节目网络化等必将全面提升其核心竞争力和影响力。

（三）要构建跨媒体平台的管理体制

当今，我们迎来了一个由传统媒体和新兴媒体相互融合、共同发挥作用的全新发展阶段——“全媒体时代”。在以网络技术为代表的新技术发展日新月异的今天，“全媒体”是一个不断发展的、复杂的概念。从传播载体形态上，我们可以简单概括为报纸、杂志、广播、电视、音像、电影、出版、网络、电信、卫星通讯等的总和；从传播内容形式上，则涵盖了视、听、形象、触觉等人们接受信息的全部感官；从信息传输渠道上来看，包括了传统的纸质、频率、局域网、国际互联网和移动互联网、WiFi等。

在媒体管理的创新过程中，要积极构建跨媒体平台的管理机制。以北京人民广播电台为例，电台要求各频率主持人、编辑都要在北京广播网上开通自己的博客，并要做好这些博客的日常管理更新工作，年底将此作为个人绩效考核的依据之一。另外，河南电台各频率总监对频率员工的考核除之前的专家收听点评、节目收听率等考核指标外，还将主持人和记者放在映象网的专栏和作品的点击率作为考核依据之一。这些都是构建跨媒体平台的管理体制的有益探索。

参考文献

[1] 俞可平主编．治理与善治[M]．社会科学文献出版社，2000：31~49.

[2] 李维安，架祖盛，杨风禄等．现代公司治理研究[M]．中国人民大学出版社，2000：221~276.

[3] 孙晓莉．多元社会治理模式探析[J]．理论导刊，2005（5）.

[4] 王晓刚．文化体制改革研究[D]．中央党校博士论文，2007：80.

[5] 林爱王君，童兵．中国传媒产业化的法律前提[J]．新闻界，2005（3）.

[6] 邢建毅．制播分离体制的确立对电视业的影响[J]．南方电视学刊，2000（3）.

[7] 常永新．传媒集团公司抬理[M]．中国传媒大学出版社，2007：221~274.

[8] 周波．公共管理模式下中国新闻组织的定位与重构[D]．吉林大学硕士学位论文，2004.

[9] 张天莉．治理理论对转型期中国传媒分类管理的启示[D]．全国首届博士生学术论坛论文集，武汉大学．2004.

[10] 朱颖，童兵．党报体制改革创新的着力点[J]．中国出版，2007（7）.

[11] 朱廷柏，王德建．公司治理与战略管理互动关系研究[J]．管理科学，2004（3）.

[12] 赵曙光．坚持“以人为本”，建设和谐的企业文化[J]．传媒，2006（10）.

[13] 张冠中．分众时代的“广播”与“窄播”[J]．中国广播，2010（9）.

[14] 张丽等著．世界广播电视发展趋势研究[M]．中国传媒大学出版社，2012：71~72.

[15] 汤天甜．论中国类型化电台的发展问题[J]．国际广播影视，2009（9）.

[16] 张君昌，张建赓主编．21世纪中国广播电视大趋势[M]．中国广播电视出版社，2012：161~166.

[17] 李秀磊．经营广播[M]．北京大学出版社，2010：61~64.

[18] 覃信刚．音乐类型化电台的定位及编排[J]．中国广播电视学刊，2009（11）.

[19] 陈宁．如何做好时政新闻报道[J]．青年记者，2009（24）.

[20] 李强生．民生新闻突破瓶颈的探索和尝试[J]．中国广播电视学刊，2009（9）.

[21] 承明欣．敏感·情感·质感——论打造广播电视新闻评论类节目[J]．新闻爱好者，2012（9）：87~88.

[22] 李琪．和叶文一起嬉笑怒骂[J]．中国广播，2011（9）：6~8.

[23] 李新全，陈素云．广播情感类节目突围之路[J]．中国记者，2009（6）.

[24] 冯建．音乐节目创优的几点启示[J]．中国广播电视学刊，2009（8）.

[25] 张俊昌，吕鹏．广播电视节目评估体系：背景、现状及发展趋向[J]．中国广播电视学刊，2011（11）.

[26] 张海潮．电视节目整合评估体系[M]．中国传媒大学出版社，2009：18.

[27] 雷雯．论欧美电视节目评估的借鉴意义[J]．南昌高专学报，2006（3）：82~87.

[28] 张海潮．电视节目整合评估体系[M]．中国传媒大学出版社，2009：25.

[29] 李欣．收视率不能承受之重[J]．新闻实践，2010（6）：14~16.

[30] 刘燕南．电视节目评估体系解析——模式、动向与思考[J]．现代传播，2011（1）：45~48

[31] 林之达．新闻传播不能直接产生社会效益[J]．新闻界，1996（4）：12~13.

[32] 王作成，高玉兰．满意度调查中样本数量的确定[J]．市场研究，2005（4）：31~33.

[33] 张斌．广播广告经营的改进[J]．新闻前哨，2004（9）：77.

[34] 黄学平．广播收听率调查方法与应用[M]．中国传媒大学出版社，2006：4.

[35] 黄学平．广播收听率调查方法与应用[M]．中国传媒大学出版社，2006：98.

[36] 王兰柱．中国广播收听年鉴2011[M]．中国传媒大学出版社，2012：19.

[37] 朱继锴，陈秀燕，魏金华．影响广播收听率的不确定因素及量化处理[J]．新闻知识，2005（3）：31~33.

[38] 刘燕南．电视收视率分析[J]．中国广播电视学刊，2000（9）：21~24.

[39] 吴斌．如何提高广播广告经营水平[J]．传媒，2011（8）：27~29.

[40] 董传亮．广播经营与管理[M]．中国传媒大学出版社，2008：118.

[41] 王建川．电视节目评估体系的实践与推想[J]．管理透视，2010（8）：48~50.

[42] 刘燕南．电视节目评估体系解析——模式、动向与思考[J]．现代传播，2011（1）：45~49.

[43] 石磊．新媒体概论[M]．中国传媒大学出版社，2009：2.

[44] 斯蒂夫·琼斯编．熊澄宇，范红译．新媒体百科全书[M]．清华大学出版社，2007.

[45] 蔡哲．新媒体环境下的广告专题片文案写作艺术研究[J]．媒体时代，2011（5）.

[46] 张志君．新媒体研究与发展策略[J]．现代视听．2008（2）.

[47] 吴征．告别荒漠——新媒体与精神生态的重建[J]．互联网周刊，2000（48）.

[48] 辛欣．论传统媒体与新媒体的业务融合[J]．新闻爱好者，2012（8）.

[49] 王斌．2009中外企业知识产权高层论坛讲话稿[C /OL]．2009-4-25. http：//tech.qq.com/a/20090425/000106.html.

[50] 广告新闻网．新媒体发展趋势迅猛发展掀起传媒产业革命的新一轮浪潮[EB/OL]．[2011-9-28]．http：//www.admaimai.com/news/ad201109202-ad70254.html.

[51] 聂红江．新媒体环境下的媒介融合——兼议传统电视媒体发展之路[J]．电视研究，2009（6）．

[52] 维基百科．新媒体词条[DB/OL]．[2012-11]．http：//zh.wikipedia.org/wiki/%E6%96%B0%E5%AA%92%E9%AB%94．

[53] 孟波．新媒体十大特征[C/OL]．第二届中国传媒领袖大讲堂．[2011-7]．http：/media.people.com.cn/GB/40606/15263170.html．

[54] 瞿静．地震灾难中的微博客：弥漫的独立反思意识[J]．东南传播，2010（8）．

[55] 中国互联网信息中心．第30次中国互联网络发展状况统计报告[R/OL]．[2012-7-23]．http：//www.cnnic.net.cn/hlwfzyj/hlwxzbg/hlwtjbg/201207/t20120723_32497.html．

[56] 王兵．从媒介话语权看微博与传统媒体的关系[J]．赤峰学院学报，2011（12）．

[57] 蒋原伦．新媒介环境改变舆论的形成[J]．中国社会科学报，2010（10）．

[58] 昌荣传播．2012上半年中国广告市场分析报告[R/OL]．[2012-08-22]．http：//www.adquan.com/article1.php?id=13766&cid=13．

[59] 孙啸武．新媒体对传统媒体的冲击[J]．新闻传播．2009（5）．

[60] 实力传媒．2011年全球广告市场规模达4643.0亿美元[R/OL]．[2012-8-14]．http：//www.199it.com/archives/62961.html．

[61] 董年初，熊艳红．2008年中国文化产业发展报告[M]．社会科学文献出版社，2009：20．